La cucina autentica delle Dolomiti

Alpine flavours

Authentic recipes from the
Dolomites, the heart of the Alps

Miriam Bacher
Franco Cogoli

SIME | BOOKS

Sommario
Summary

Difficoltà delle ricette *Recipe difficulty*:

■ ☐ ☐ facile *easy*

■ ■ ☐ media *medium*

■ ■ ■ elevata *high*

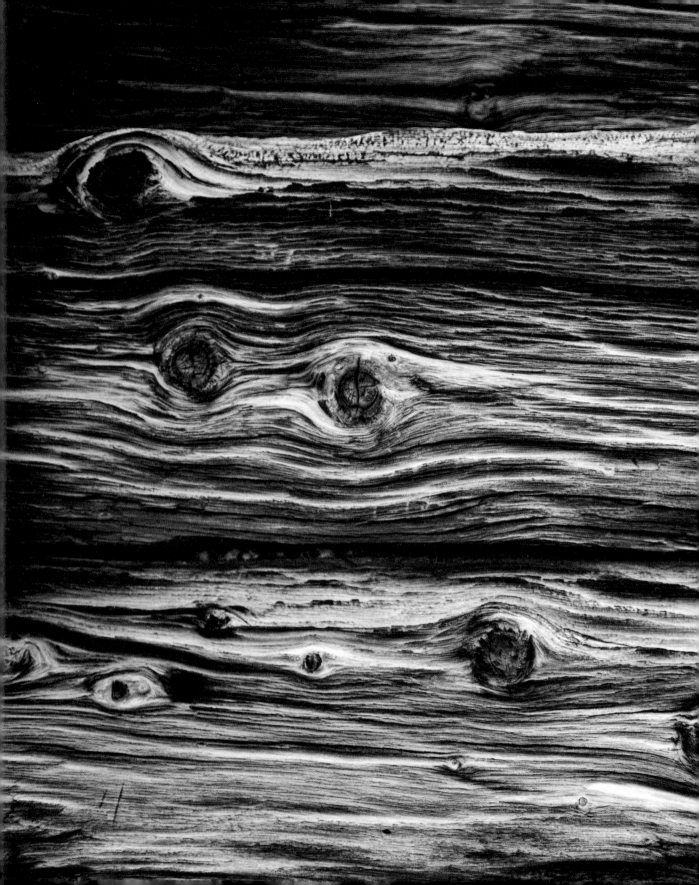

Specialità e prodotti tipici

Specialties and typical products

Specialità e prodotti tipici
Specialties and typical products

Latticini

Ancora oggi, come un tempo, le mucche pascolano sui prati intatti e sugli alpeggi dove possono nutrirsi di erbe aromatiche per fornire un'ottima qualità di latte, trasformato poi in burro, ricotta e vari tipi di formaggi locali. Tra i numerosi formaggi sudtirolesi vantano celebrità e particolarità il **Graukäse** (formaggio grigio) e lo **Zieger**.

Carni

Vasta è la scelta di carni, dal vitello al manzo, dal maiale all'agnello. Quella più comunemente usata è la carne suina da cui si ricavano il carré affumicato, le costine, la carne salmistrata e la **Hauswurst**, una salsiccia fatta in casa composta da carne suina e bovina. Altre specialità tipiche e rinomate sono lo **speck affumicato** (v. pag. 118) e diversi salamini affumicati tra cui i **Kaminwurzen**. Tra le proposte culinarie contemporanee vi sono anche parecchi piatti di selvaggina come cervo, capriolo e camoscio; i piatti più conosciuti e preparati sono il **Gulasch** e l'**arrosto**.

Frutta

Nei boschi crescono due varietà di **mirtilli**, quelli neri e quelli rossi. Ottima è la marmellata di mirtilli rossi, una delizia che viene utilizzata

Dairy products

*Today, as in the past, cows graze in unpolluted meadows and pastures where they feed on grasses that contribute to the excellent quality of the milk produced, which is then processed to make butter, ricotta, and a variety of local cheeses. The numerous South Tyrol cheeses include some well-known specialties like **Graukèse** (gray cheese) and **Zieger**.*

Meats

*The vast range of meat includes veal, beef, pork, and lamb, of which the most common is pork, used to make smoked loin, ribs, brine meat, and **Hauswurst**, a homemade pork and beef blend sausage. Other famous specialties are **smoked speck** (see page 118) and various smoked sausages, including **Kaminwurzen**.*
*Contemporary recipes also include several game dishes such as red and roe deer, and chamois; the most popular dishes are **goulash** and **roast**.*

Fruit

***Blueberries** and **cranberries** – both varieties of bilberries – grow in the South Tyrol woods. The excellent local cranberry jam is delicious and is used for filling cakes and other confectionery, but also as a condiment for cheeses,*

per il ripieno di torte e altri dolci. Si usa anche per accompagnare piatti di formaggio, il Kaiserschmarren o la cotoletta alla milanese e unita a salse a base di selvaggina. Le piantagioni di **mele** dominano oggigiorno non solo il paesaggio di alcune zone della Val d'Isarco, della Val Venosta e della Valle dell'Adige, ma anche la loro economia agricola. Viene coltivata una quindicina di tipi di mele, tra cui le più diffuse e popolari sono la Golden Delicious, la Gala e la Red Delicious. Tra le **pere** spicca invece la Williams Christbirne. Da menzionare anche le famose **albicocche** della Val Venosta, pregiate e amate sia per il consumo nella loro forma naturale che per i canederli di albicocche o anche la marmellata. Sono pregiate anche le **fragole**, coltivate tra l'altro nella Val Martello. Il periodo autunnale è caratterizzato anche dalla raccolta di **castagne** e dal loro utilizzo in feste tradizionali come il Törggelen (*v. pag. 252*).

Verdure
Nei mesi di aprile e maggio gli occhi degli amanti di **asparagi** puntano verso Terlano, dove viene coltivato questo nobile e prezioso ortaggio, assaporato tra l'altro con il condimento omonimo del capoluogo sudtirolese: la salsa bolzanina.

Kaiserschmarrn and breaded veal cutlet, as well as being an ingredient for sauces to serve with game.
Apple *orchards are now dominant not only on the landscape of some parts of Val d'Isarco, Val Venosta and the Adige Valley, but also in their agricultural economy. About 15 types of apples are cultivated, including the most widespread and popular Golden Delicious, Red Delicious, and Gala; the most popular* ***pear*** *cultivar in South Tyrol is the Williams or Bartlett.*
Also worthy of note are the famous Val Venosta ***apricots***, *prized and popular not only for fresh consumption but also in apricot canederli (dumplings) and in preserves. Excellent* ***strawberries*** *are cultivated in South Tyrol, especially in Val Martello.*
In autumn there is also a good ***chestnut*** *harvest, promoted in traditional festivals like the Törggelen (see page 252).*

Vegetables
In spring, in the months of April and May, ***asparagus*** *lovers head for Terlano, where this prized, noble vegetable is grown, and is the key ingredient in traditional Bozner Sauce, named after the regional capital.*
Cabbage *and* ***turnip*** *are two of the most traditional vegetables found here and once played an important role in winter*

Il **cavolo cappuccio** e la **rapa bianca** fanno parte delle verdure più classiche di questa terra poiché una volta svolgevano un ruolo importante nella nutrizione durante l'inverno. Entrambi potevano essere conservati per più mesi e costituivano quindi le poche verdure che si potevano servire nei mesi invernali. Entrambi venivano tagliuzzati con appositi coltelli, quindi posti in un recipiente insieme a sale, cumino e bacche di ginepro; il tutto, coperto da un coperchio e appesantito da una pietra, veniva lasciato fermentare. Ancora oggi i **crauti** sono usati come contorno e ripieno per certi Krapfen o Tirtlan, mentre la rapa bianca è passata un po' in secondo piano.

Krapfen

Esiste una gran varietà di Krapfen, i quali si differenziano per via della loro forma, del loro ripieno (che in certi casi può essere anche costituito da marmellate e a volte può addirittura mancare) e alcuni anche per l'impasto. La loro caratteristica comune è che vengono fritti nel grasso o nell'olio, mentre una volta si utilizzava soprattutto il burro cotto. Un tempo era inimmaginabile un sabato senza Krapfen, anche se potevano essere serviti durante tutta la settimana.

*nutrition as both could be kept for several months so were part of the few vegetables that could be served during cold months. Both were shredded with special knives, then placed in a bowl with salt, cumin and juniper berries, covered with a lid weighted by a stone, and left to ferment. The cabbage (**sauerkraut**) is still served as a side dish and used for stuffing krapfen and tirtlan, although turnip has lost some of its popularity.*

Krapfen

There is a wide variety of krapfen, which differ for shape, filling (in some cases can also be jam or there may be no filling at all), and some even for type of dough. What they have in common is that they are fried in fat or oil, although in the past it was common to use butterfat. At one time a Saturday without krapfen was out of the question, although they could be served any day of the week.

25 Il pane di segale
Rye bread

La notevole diffusione del pane di segale nel Südtirol risale a parecchie centinaia di anni fa ed è strettamente connessa a fattori come la qualità dei terreni e l'altitudine. La segale è un cereale che non richiede né terreni grassi né un clima mite o caldo, resistendo anzi anche alle basse temperature, sopportando terreni magri e crescendo senza problemi fino a 1800 metri.

Preparazione del pane di segale pusterese
3-5 giorni prima della preparazione dell'impasto si inizia a preparare la pasta madre, chiamata anche pasta acida, che sostituisce il lievito. In un piccolo recipiente, una volta esclusivamente di legno, viene mescolata della farina di segale con del latte (o acqua) tiepido. Questo recipiente viene posto in un luogo caldo, spesso in vicinanza della stufa calda, cosicché può fermentare. Aggiungendo ogni giorno altra farina di segale e latte tiepido e mescolando di tanto in tanto diventa una pappa che emana un intenso odore acido. Per preparare l'impasto si mettono la pasta acida (oggigiorno con l'aggiunta di una piccola dose di lievito), la farina di segale (in alcuni posti mescolata con farina di frumento), le spezie (trigonella

The remarkable spread of rye bread in South Tyrol dates back several hundred years and is closely related to factors like the soil type and altitude. Rye requires neither rich soil nor a mild or hot climate, as it resists quite well at low temperatures too, adapting to thin soils and growing effortlessly up to an altitude of 1,800 meters (6,000 feet).

How to make Val Pusteria rye bread
The sour or starter dough is prepared three to five days in advance of the bread dough and replaces yeast. Rye flour is mixed with warm milk (or water) a small bowl, which in the past was made of wood. This container is placed in a warm place, often in the vicinity of the hot stove, so that it ferments. Each day more rye flour and lukewarm milk are added, stirring occasionally so that it turns into a paste with an intense sour aroma. To prepare the bread, the sour dough (nowadays with the addition of a small amount of yeast), rye flour (in some places mixed with wheat flour), spices (trigonella and cumin), and salt are mixed in a kneader bowl. While mixing the ingredients, fresh milk diluted with warm water is added from time to time. Before kneading machines were available the dough was made by hand and was very tiring work, so it was often done by men.

e cumino) e il sale nel contenitore
della macchina impastatrice. Viene
impastato il tutto versandovi di tanto
in tanto del latte fresco diluito con
acqua tiepida. Prima dell'introduzione
delle macchine si doveva impastare
con le mani, un lavoro assai faticoso e
per questo motivo spesso affidato agli
uomini.
Le spezie possono variare da valle a
valle o da maso a maso. Oltre alla
trigonella e al cumino si possono usare
anche coriandolo e semi di finocchio.
L'impasto deve poi riposare almeno
per mezz'ora coperto in un luogo
caldo per fermentare ancora un po'.
Nel frattempo si inizia a preriscaldare
il forno. Una volta quasi tutti i masi
avevano il proprio forno che spesso era
un edificio a sé stante e a distanza di
sicurezza, soprattutto quando il maso
era costruito in legno. In altre zone,
dove prevalevano i masi in pietra, il
forno era spesso adiacente alla casa.
Nel forno viene preparato il fuoco che
deve essere distribuito uniformemente
su tutta la base del forno. Mentre
il fuoco scalda il forno ci si mette
a formare le pagnotte che vengono
disposte su assi di legno coperte da teli
di lino. Formate le pagnotte, vengono
coperte e lasciate per mezz'ora in un
posto caldo per farle fermentare ancora.
Dopo circa un'ora, del fuoco acceso in

*The spices may vary from one valley
to another, or from farm to farm.
In addition to trigonella and cumin,
coriander and fennel seeds are also used.
The covered dough should then rest
for at least half an hour and in a warm
place, to ferment a little longer, while
the oven is preheated.
At one time almost all farms had their
own oven, often in a separate building
and at a safe distance, especially when
the farm was built in wood. In other
areas, where the farmhouses were in
stone, the oven was often attached to
the building. The fire is set in the oven
and must be distributed evenly across
its floor. While the fire heats the oven,
the loaves are shaped and laid out on
wooden boards covered with linen cloths.
The shaped loaves are covered and left
for half an hour in a warm place to
ferment again.
After about an hour, the fire in the oven
will have burned down to embers, and
ashes are removed with an oven rake.
The oven floor is cleaned with a wet rag
hung from a long handle. Now the oven
is ready and the loaves can be placed
inside, one at a time, using a paddle.
Cooking time will vary according to
the thickness and size of the loaves but
normally takes about an hour. After
cooking, the loaves are removed with the
paddle and arranged vertically to cool.*

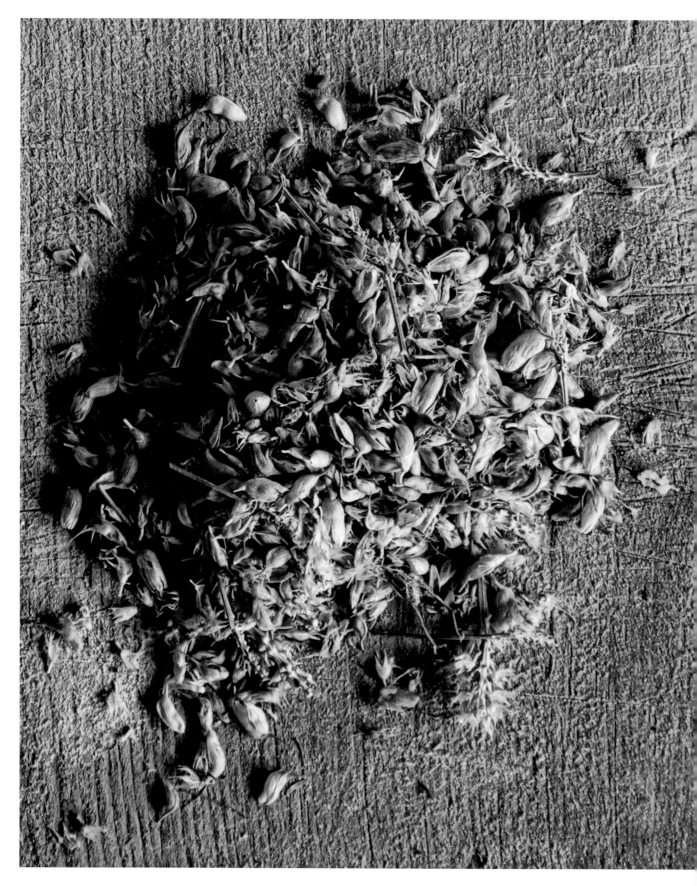

Il pane di segale
Rye bread

forno rimangono solo le braci e le ceneri che vengono estratte con il tirabrace. Con uno straccio bagnato appeso a un lungo manico viene pulita la base del forno dalla cenere. Dopo, il forno è pronto e le pagnotte possono essere infornate una dopo l'altra con l'apposita pala. Il tempo di cottura può variare in base allo spessore e alla grandezza delle pagnotte: normalmente occorre circa un'ora. Terminata la cottura, le pagnotte vengono tirate fuori con la pala e disposte verticalmente a raffreddare. Le pagnotte pusteresi hanno un diametro di circa 25-30 cm, mentre in Val Venosta sono più piccole ma vengono attaccate assieme (a due a due). Una volta il pane doveva essere conservato per parecchi mesi anche senza congelatori. Perciò le pagnotte venivano allineate in rastrelliere di legno, le quali venivano sistemate, spesso appese, in locali asciutti e ben areati, per esempio nel sottotetto. Con il passare del tempo naturalmente le pagnotte s'indurivano. Per frantumarle si utilizzava un apposito attrezzo, il tranciapane, una specie di cassetta di legno con un coltello mobile agganciato al centro tramite un perno. Per farli ammorbidire, i tozzi di pane venivano immersi nel latte o nelle zuppe.

Pusteria loaves are about 25–30 cm in diameter but in Val Venosta they are smaller and made in joined pairs. At one time the bread had to last for several months and there were no freezers then, so the loaves were aligned in wooden racks, which were installed – often suspended – in dry, well-ventilated places, for instance an attic. Of course the loaves hardened as they aged and to break them up a special tool was used, called a 'tranciapane', which was a wooden box with a moving knife in the center held in place by a pin. To soften the bread, the chunks were dipped in milk or soups.

Pane di segale

Rye bread

■ ■ ☐

Preparazione dell'impasto
Sciogliere il lievito in un po' di latte tiepido.

Aggiungerlo alla farina di segale, mescolare un po' e unire il cumino, la trigonella e il sale. Impastare con cura il tutto aggiungendo latte tiepido diluito con acqua fino a ottenere una pasta omogenea e compatta.

Lasciar riposare per 30 minuti coperta in un luogo caldo.

Preparazione del pane
Formare le pagnotte e lasciarle riposare per altri 30 minuti coperte in un luogo caldo.

Scaldare il forno a 170 °C. Infornare le pagnotte e cuocerle per circa 40-50 minuti (dovranno avere un bel colore marroncino scuro).

How to make the dough
Dissolve the yeast in a little warm milk.

Add to the rye flour, stir briefly and add the cumin, trigonella and salt. Knead the dough well, adding the warm milk diluted with water to make a smooth, solid paste.

Cover and leave in a warm place for 30 minutes.

How to make the bread
Shape into loaves, cover and leave to rise in a warm place for another 30 minutes.

Preheat the oven to 170 °C (325 °F). Bake the loaves for about 40–50 minutes until they are a nice dark brown color.

Pane con fichi
Fig bread

36

Il pane di segale
Rye bread

■ ■ ☐

Ingredienti per 8-10 pagnotte
- *2,5 kg di fichi secchi*
- *150 ml di rum*
- *50 g di lievito*
- *latte tiepido*
- *2 kg di farina di segale*
- *500 g di uva passa*
- *300 g di uva sultanina*
- *1 cucchiaio di cumino*
- *2 cucchiai di trigonella*
- *sale*
- *latte tiepido diluito con acqua q.b.*

Ingredients for 8–10 loaves
- *2.5 kg (5½ lbs) of dry figs*
- *150 ml (¾ cup) of rum*
- *50 g (2 oz) of yeast*
- *warm milk*
- *2 kg (4½ lbs) of rye flour*
- *500 g (18 oz) of raisins*
- *300 g (10 oz) of sultanas*
- *1 tbsp of cumin*
- *2 tbsps of trigonella*
- *salt*
- *warm milk diluted with water as needed*

Preparazione dei fichi (2 giorni prima)
Tagliare i fichi secchi a striscioline e immergerli nel rum.

Preparazione dell'impasto
Sciogliere il lievito in un po' di latte tiepido.

Aggiungerlo alla farina di segale, mescolare un po' e unire i fichi, l'uva passa, l'uva sultanina, il cumino, la trigonella e il sale. Impastare con cura il tutto aggiungendo latte tiepido diluito con acqua fino a ottenere una pasta omogenea e compatta.

Lasciar riposare per 30 minuti coperta in un luogo caldo.

Preparazione del pane
Formare le pagnotte e lasciarle riposare per altri 30 minuti coperte in un luogo caldo.

Scaldare il forno a 170 °C. Infornare le pagnotte e cuocerle per circa 40-50 minuti (dovranno avere un bel colore marroncino scuro).

Suggerimento
Se la pasta risulta troppa liquida, aggiungere un po' di farina di frumento.

Preparation of the figs (2 days before)
Cut the dried figs into thin strips and soak in rum.

How to make the dough
Dissolve the yeast in a little warm milk.

Add to the rye flour, mix and add the figs, raisins, sultanas, cumin, trigonella, and salt. Knead the dough well, adding the warm milk diluted with water to make a smooth, solid paste.

Cover and leave in a warm place for 30 minutes.

How to make the bread
Shape into loaves, cover and leave to rise in a warm place for another 30 minutes.

Preheat the oven to 170 °C (325 °F). Bake the loaves for about 40–50 minutes until they are a nice dark brown color.

Tips
If the dough is too soft, add a little wheat flour.

SPINATRAHMNOCKEN

frische Blättli von gutem
Heinrich (- wild gr. art)

Zwiebel (gehackt)
Knoblauch ehr
etwas Muskatnuß
Salz + Pfeffer

... in heißem Wasser blanchieren,
... auskalten lassen
... Teil ausdrücken und
... hacken ...
... ca. 50 g Butter schmelzen,
... Zwiebel und Knoblauch ...
den Spinat dazugeben. Mit Muskat
Salz, Pfeffer und etwas abschmecken
... lassen.
... zwischen Teig die Eier dazugeben
Pfeffer + das Mehl dazugeben
... Tassen ...
... Salz g !
... Spinat mit einem ...

Primi piatti

First courses

Cajincí t'ega (Mezzelune)

Mezzelune pasta

■ ☐ ☐

Ingredienti per 4 persone
Per la pasta:
- *350 g di farina di farro*
- *150 g di farina di frumento*
- *3 uova*
- *1 pizzico di sale*
- *50 ml di acqua*
- *50 ml di latte*
Per il ripieno:
- *cipolla tritata*
- *1 cucchiaio di burro*
- *200 g di spinaci cotti e passati*
- *150 g di ricotta*
- *sale*
Per la composizione finale:
- *parmigiano grattugiato*
- *burro fuso*
- *erba cipollina tagliata finemente*

Serves 4
For the dough:
- *350 g (2⅓ cups) of spelt flour*
- *150 g (1 cup) of wheat flour*
- *3 eggs*
- *a pinch of salt*
- *50 ml (¼ cup) of water*
- *50 ml (¼ cup) of milk*
For the filling:
- *chopped onion*
- *1 tbsp of butter*
- *200 g (8 oz) of cooked, puréed spinach*
- *150 g (6 oz) of ricotta*
- *salt*
To serve:
- *grated Parmigiano Reggiano*
- *melted butter*
- *finely chopped chives*

Preparazione dell'impasto
Disporre le farine sulla spianatoia.

Aggiungere le uova e un pizzico di sale, impastare facendo assorbire le uova e versare poco alla volta l'acqua e il latte. Impastare con cura il tutto fino a ottenere una pasta liscia e omogenea. Lasciar riposare per 10 minuti.

Preparazione del ripieno
In una padella far rosolare la cipolla nel burro. Aggiungere gli spinaci, la ricotta e il sale. Amalgamare con cura il tutto.

Preparazione del piatto
Stendere la pasta molto sottile. Con uno stampo rotondo (circa 5 cm di diametro) ricavare dei dischi.

Su una metà di ogni disco disporre un cucchiaino di ripieno, chiudere con l'altra metà e premere bene i bordi.

Far bollire dell'acqua salata e cuocervi i cajincí t'ega.

Estrarli con una schiumarola e farli sgocciolare, quindi condire con burro fuso, parmigiano grattugiato ed erba cipollina tagliata finemente.

Vino Wine:
Söll Pinot Grigio *(v. pag. 266).*

How to make the dough
Put the flours on the work surface.

Mix in the eggs and a pinch of salt; add the water and milk, a little at a time. Knead the dough well until it is compact and smooth. Leave to rest for 10 minutes.

How to make the filling
Sauté the onion in a skillet with the butter. Add the spinach, ricotta and salt. Mix thoroughly.

Preparation
Roll the dough out very thinly. Cut discs of pasta using a round cutter of about 5 cm (2 in) in diameter.

On half of each disc place a tsp of filling, fold over the other half and press the edges together well.

Cook the cajincì t'ega in boiling salted water.

Remove with a skimmer and drain, then dress with the melted butter and sprinkle with grated Parmigiano and finely chopped chives.

Spätzle di spinaci con salsa al prosciutto e formaggi
Spinach spaetzle with ham and cheese sauce

■ ◻ ◻

Ingredienti per 4 persone
Per gli Spätzle:
- 100 g di spinaci cotti e frullati
- 1 uovo
- 150 g di farina
- sale
- pepe
- noce moscata
Per la salsa:
- 20 g di burro
- 60 g di prosciutto cotto tagliato a dadini
- 150 ml di panna
- 50 g di formaggio Edamer tagliato a dadini
- parmigiano grattugiato

Serves 4
For the spaetzle:
- 100 g (4 oz) of cooked, puréed spinach
- 1 egg
- 150 g (1 cup) of flour
- salt
- pepper
- nutmeg
For the sauce:
- 20 g (3 tbsps) of butter
- 60 g (2½ oz) of diced cooked ham
- 150 ml (¾ cup) of cream
- 50 g (2 oz) of diced Edamer cheese
- grated Parmigiano Reggiano

Preparazione dell'impasto
Mescolare gli spinaci, l'uovo, la farina, il sale, il pepe e la noce moscata fino a ottenere una pastella omogenea e liscia.

Preparazione della salsa
In una padella sciogliere il burro, soffriggervi il prosciutto e versarvi la panna. Aggiungere il formaggio e farlo sciogliere.

Preparazione del piatto
Far bollire dell'acqua salata. Grattugiarvi dentro la pastella con l'apposita grattugia e far sobbollire gli Spätzle.

Unire gli Spätzle e aggiungere il parmigiano. Saltare velocemente e servire.

How to make the dough
Mix the spinach, eggs, flour, salt, pepper, and nutmeg to make a consistent, lump-free dough.

How to prepare the sauce
In a skillet melt the butter, sauté the ham and pour in the cream. Add the cheese and cook until it melts.

Preparation
Bring salted water to the boil and grate in the dough with a spaetzle-maker then simmer the spaetzle.

Gather the spaetzle and add the Parmigiano. Toss quickly and serve.

Vino Wine:
Premstaler Sauvignon (*v. pag. 267*).

Crema di patate
Cream of potato soup

■ ☐ ☐

Ingredienti per 4 persone
- 30 g di burro
- 70 g di cipolla tagliata finemente
- 250 g di patate pelate e tagliate a dadini
- 1 l di brodo di carne o di verdura
- 1 fetta di speck
- ½ cucchiaino di cumino
- 1 foglia d'alloro
- sale
- pepe
- 1 cucchiaino di maggiorana
- 50 ml di panna
Per la composizione finale:
- speck tagliato a striscioline

Serves 4
- 30 g (3 tbsps) of butter
- 70 g (3 oz) finely chopped onion
- 250 g (12 oz) of peeled, diced potatoes
- 1 l (5 cups) of meat or vegetable stock
- 1 slice of speck
- ½ tsp of cumin
- 1 bay leaf
- salt
- pepper
- 1 tsp of marjoram
- 50 ml (¼ cup) of cream
To serve:
- julienne strips of speck

Preparazione della crema
In una pentola scaldare il burro e soffriggervi la cipolla.

Aggiungere le patate.

Bagnare con il brodo, aggiungere lo speck, il cumino e l'alloro. Salare, pepare e far cuocere.

Quando le patate sono quasi cotte, aggiungere la maggiorana e la panna. Mixare o frullare il tutto.

Presentazione del piatto
Versare in piatti fondi o tazze e servire con delle striscioline di speck o fettine di salamino di camoscio affumicato.

How to make the soup
In a saucepan heat the butter and sauté the onion.

Add the potatoes.

Add some stock then the speck, cumin, and cream. Add salt and pepper, and cook.

When the potatoes are nearly cooked add the marjoram and cream, then blend.

To serve
Pour into soup plates or bowls, and serve with strips of speck or thin slices of smoked venison salami.

Vino Wine:
Vial Pinot Bianco (v. pag. 266).

Celestine in brodo

Celestine pasta in broth

Ingredienti per 4 persone
- 100 g di farina
- 250 ml di latte
- sale
- 2 uova
- erbe a piacere tagliate finemente
(prezzemolo, erba cipollina,
cerfoglio, basilico ecc.)
- olio per friggere
Per la composizione finale:
- 800 ml di brodo di carne
- erba cipollina tagliata finemente

Serves 4
- 100 g (⅔ cup) of flour
- 250 ml (1¼ cup) of milk
- salt
- 2 eggs
- finely chopped herbs as preferred
(parsley, chives, chervil, basil, etc.)
- oil for frying
To serve:
- 800 ml (4 cups) meat stock
- finely chopped chives

Preparazione delle omelette
Mescolare la farina, il latte e il sale fino
a ottenere una pastella omogenea
e liscia. Aggiungere le uova e mescolare
con cura.

Aggiungere le erbe.

In una pentola antiaderente scaldare
poco olio per ogni omelette e friggere
le omelette sottili da ambo i lati.

Quando è finita la pastella, lasciar
raffreddare le omelette, arrotolarle
e tagliarle a striscioline.

Presentazione del piatto
Servirle con del brodo di carne ed erba
cipollina.

How to make the crêpes
Mix the flour, milk and salt to make
a consistent, lump-free batter. Add
the eggs and stir well.

Add the herbs.

Heat a small amount of oil for each
crêpe in a non-stick skillet and fry thin
crêpes on both sides.

When the batter is finished, leave the
crêpes to cool, roll up and cut into thin
strips.

To serve
Serve with the meat stock and chives.

Zuppa di trippa
Tripe soup

■ ☐ ☐

Ingredienti per 4 persone:
- 50 g di burro
- 80 g di farina
- 1,5 l di brodo di carne
- 1 cipolla piccola tagliata a metà
- 1 cetriolino sott'aceto a dadini
- 1 cucchiaino di capperi
- 1 presa di scorza di limone grattugiata
- 1 cucchiaino di cumino
- 1 foglia di alloro
- 1 cucchiaino di pepe in grani tritato
- 1 cucchiaino di prezzemolo tritato
- 400 g di trippa cotta tagliata a striscioline
- sale, pepe
Per la composizione finale:
- 125 ml di aceto di vino rosso

Serves 4
- 50 g (2 oz) of butter
- 80 g (½ cup) of flour
- 1,5 l (6½ cups) meat stock
- 1 small onion, sliced in half
- 1 diced gherkin
- 1 tsp of capers
- 1 pinch of grated lemon zest
- 1 tsp of cumin
- 1 bay leaf
- 1 tsp of crushed peppercorns
- 1 tsp of chopped parsley
- 400 g (14 oz) cooked tripe in thin strips
- salt, pepper
To serve:
- 125 ml (1⅛ cup) of red wine vinegar

Preparazione della zuppa
In una pentola sciogliere il burro, unirvi la farina e cuocerla fino a farle prendere un colore dorato. Abbassare la fiamma, versarvi il brodo e far sobbollire.

Aggiungere la cipolla, il cetriolino, i capperi, la scorza di limone, il cumino, l'alloro, il pepe in grani, il prezzemolo e infine unirvi la trippa cotta. Aggiustare di sale e pepe e far cuocere per 30 minuti circa.

Eliminare la cipolla.

Presentazione del piatto
Versare la zuppa nei piatti fondi e aggiungere un goccio di aceto di vino rosso.

How to make the soup
Melt the butter in a saucepan, then add the flour and cook until golden brown. Lower the heat; pour in the stock and simmer.

Add the onion, gherkin, capers, lemon zest, cumin, bay leaf, peppercorn, parsley and, lastly, the cooked tripe. Correct for salt and pepper and cook for about 30 minutes.

Remove the onion.

To serve
Pour the soup into the bowls and add a drop of red wine vinegar

Zuppa del contadino
Country soup

🍲 ▢ ▢

Ingredienti per 4 persone
- 3 cipolle grandi
- 250 g di pancetta
- 50 ml di olio di semi di girasole
- 70 g di burro
- 70 g di farina
- 100 ml di vino bianco secco
- 1 l di brodo
- 150 ml di latte fresco
- sale
- pepe
- 1 cucchiaino di levistico

Per la composizione finale:
- pane nero secco tagliato a dadi

Serves 4
- 3 large onions
- 250 g (12 oz) of pancetta
- 50 ml (¼ cup) sunflower oil
- 70 g (3 oz) of butter
- 70 g (½ cup) of flour
- 100 ml (1⅓ cups) of dry white wine
- 1 l (5 cups) of stock
- 150 ml (¾ cup) of fresh milk
- salt
- pepper
- 1 tsp of lovage

To serve:
- cubes of dry rye bread

Preparazione della zuppa
Sbucciare le cipolle e affettarle ad anelli non troppo sottili.

Tagliare la pancetta a julienne.

In una pentola scaldare l'olio, soffriggervi le cipolle e la pancetta finché le cipolle risultino morbide.

In un'altra pentola sciogliere il burro e farlo schiumare. Aggiungervi la farina e con una frusta mescolare energicamente, far cuocere fino a fargli prendere un colore dorato. Abbassare la fiamma, versarvi il vino bianco, il brodo e mescolare con cura.

Unire le cipolle e la pancetta e versare il latte freddo. Salare.

Far sobbollire per 1 ora circa. Spolverare di pepe e levistico e far andare ancora qualche minuto.

Presentazione del piatto
Servire la zuppa con i pezzi di pane nero.

How to make the soup
Peel the onions and cut into rings, but not too thinly.

Cut the pancetta into julienne strips.

Heat the oil in a saucepan and sauté the onions and pancetta until the onions are soft.

In another pan melt the butter until it foams. Add the flour and whisk continuously until it is a golden brown color. Lower the heat, pour in the white wine and the stock, and stir well.

Add the onions and pancetta, and pour in the cold milk. Salt to taste.

Simmer for about an hour. Sprinkle with pepper and lovage, and cook for another few minutes.

To serve
Serve the soup with pieces of rye bread.

Vino Wine:
Müller Thurgau (v. pag. 264).

58

Zuppa di vino
Wine soup

Ingredienti per 4 persone
- *500 ml di brodo di carne*
- *5 tuorli d'uovo*
- *250 ml di panna*
- *250 ml di vino bianco secco*
- *1 pizzico di sale*

Per l'accompagnamento:
- *1 cucchiaio di burro*
- *4 fette di pancarrè tagliate a dadi*
- *1 pizzico di cannella*

Serves 4
- *500 ml (2½ cups) of meat stock*
- *5 egg yolks*
- *250 ml (1¼ cup) of cream*
- *250 ml (1¼ cup) of dry white wine*
- *a pinch of salt*

Garnish:
- *1 tbsp of butter*
- *4 slices of sandwich loaf cubes*
- *1 pinch of cinnamon*

Preparazione della zuppa
Versare il brodo, i tuorli, la panna, il vino bianco e il sale in una ciotola.

In una pentola leggermente più piccola della ciotola far bollire dell'acqua. Mettere la ciotola sopra la pentola e sbattere la massa con la frusta fino a quando non diventi cremosa.

Presentazione del piatto
Sciogliere il burro in una pentola e abbrustolire i dadi di pane, spolverandoli di cannella.

Versare la zuppa in piatti fondi o tazze preriscaldate, versarvi i dadi di pane e servire.

How to make the soup
Put the stock, yolks, cream, white wine, and salt into a bowl.

Bring water to the boil in a saucepan that is slightly smaller than the bowl then place the bowl over the saucepan and whisk the contents until creamy.

To serve
Melt the butter in a saucepan and sauté the croutons, then dust with cinnamon.

Pour the soup into warmed soup plates or bowls; add the croutons, and serve.

Vino Wine:
Vial Pinot Bianco (*v. pag. 266*).

Minestra di verdura

Vegetable soup

■ ☐ ☐

Ingredienti per 4 persone
- *3 cucchiai di olio (per rosolare)*
- *50 g di cipolla tritata finemente*
- *50 g di porro tagliato a dadini*
- *30 g di gambo di sedano tagliato a dadini*
- *50 g di carote tagliate a dadini*
- *50 g di zucchine tagliate a dadini*
- *100 g di patate tagliate a dadini*
- *50 g di cavolfiori tagliati a dadini*
- *sale*
- *pepe*
- *1,5 l di acqua o brodo di verdure*
Per la composizione finale:
- *1 cucchiaio di prezzemolo o erba cipollina tagliati finemente*

Serves 4
- *3 tbsps oil (to sauté)*
- *50 g (2 oz) of finely chopped onion*
- *50 g (2 oz) of diced leek*
- *30 g (1 oz) of diced celery*
- *50 g (2 oz) of diced carrot*
- *50 g (2 oz) of diced zucchini*
- *100 g (4 oz) of peeled, diced potatoes*
- *50 g (2 oz) diced cauliflower*
- *salt*
- *pepper*
- *1.5 l (7½ cups) of water or vegetable stock*
To serve:
- *1 tbsp of finely chopped parsley or chives*

Preparazione della minestra
In una pentola scaldare l'olio
e rosolarvi la cipolla e il porro.

Aggiungere le altre verdure tagliate
a dadini e rosolarle brevemente.

Versarvi l'acqua o il brodo di verdure.
Salare e pepare.

Far cuocere per 20 minuti circa.

Presentazione del piatto
Servire la minestra calda con del
prezzemolo o dell'erba cipollina.

How to make the soup
*Heat the oil in a saucepan and fry
the onion and leek.*

*Add the other chopped vegetables
and sauté briefly.*

*Pour in water or vegetable stock;
add salt and pepper to taste.*

Cook for about 20 minutes.

To serve
*Serve hot, garnished with parsley
or chives.*

Blattler con crauti

Blattler with sauerkraut

■ ☐ ☐

Ingredienti per 4 persone
- *200 g di farina 00*
- *50 g di farina di segale*
- *1 cucchiaio di grappa*
- *sale*
- *100 ml di latte*
- *15 g di burro*
- *1 tuorlo d'uovo*
- *grasso o olio (per friggere)*

Serves 4
- *200 g (1⅓ cups) of all-purpose white flour*
- *50 g (⅓ cup) of rye flour*
- *1 tbsp of grappa*
- *salt*
- *100 ml (½ cup) of milk*
- *15 g (½ oz) of butter*
- *1 egg yolk*
- *fat or oil (for frying)*

Preparazione dell'impasto
Mescolare le farine, la grappa e il sale.

Scaldare il latte e farvi sciogliere il burro. Fare raffreddare e aggiungere il tuorlo d'uovo.

Unire alla massa e impastare con cura. Lasciare riposare per 30 minuti.

Preparazione del piatto
Stendere la pasta dello spessore di 3 mm circa. Servendosi di uno stampo rotondo formare dei cerchi (10-12 cm di diametro).

Dimezzare i cerchi con la rotella dentellata.

Scaldare il grasso per friggere a 190 °C circa e friggere i Blattler da entrambi i lati.

Servirli con i crauti (*v. ricetta a pag. 176*).

How to make the dough
Mix the flours, grappa and salt.

Heat the milk and melt the butter in it then let it cool and add the egg yolk.

Work well into the dough. Let it rest for 30 minutes.

Preparation
Roll out the dough to a thickness of about 3 mm or ⅛ in. Cut discs of pasta using a round cutter of about 10–12 cm (4–5 in) in diameter.

Cut in half with a fluted pastry wheel.

Heat the fat for frying to about 190 °C (375 °F) and fry the blattler on both sides.

Serve with the sauerkraut (see recipe on page 176).

Vino Wine:
Campaner Gewürztraminer (*v. pag. 267*).

Brodo con pasta reale

Pasta reale in stock

Ingredienti per 4 persone
- 250 g di farina
- 2 uova
- sale
- 125 ml di latte
- 1 goccio di grappa
- olio (per friggere)
- 1 l di brodo di carne di manzo

Serves 4
- 250 g (1 cup) of flour
- 2 eggs
- salt
- 125 ml (⁵/₈ cup) of milk
- a drop of grappa
- oil for frying
- 1 l (5 cups) of beef stock

Amalgamare farina, uova, sale, latte e grappa in una ciotola finché diventi una pasta compatta.

In una pentola scaldare l'olio e con una grattugia per Spätzle grattugiarvi la pasta ricavando delle palline. Friggere brevemente.

Estrarre con una schiumarola e lasciar raffreddare. Servire in un piatto fondo con brodo di carne caldo.

Put the flour, eggs, salt, milk and grappa in a bowl and mix well until the dough is smooth.

Heat the oil in a skillet and grate the dough into the oil with a spaetzle-maker, making small balls. Fry lightly.

Remove with a skimmer and leave to cool. Serve in a bowl with hot meat stock.

Zuppa di pane nero

Rye bread soup

Ingredienti per 4 persone
- 1 l di brodo di carne di manzo
- pagnotta di segale tagliata a dadi
- erba cipollina tagliata finemente
- manzo lesso (a piacere)

Serves 4
- 1 l (5 cups) of beef stock
- ½ rye loaf, cubed
- finely chopped chives
- boiled beef (as required)

Mettere il pane a dadi in un piatto fondo e versarvi il brodo bollente.

Aggiungere abbondante erba cipollina.

Suggerimento
La zuppa di pane nero può essere servita con delle fette di manzo lesso.

Put the croutons in a soup plate and cover with boiling hot stock.

Add plenty of chives.

Tips
The rye bread soup can be served with slices of boiled beef.

Soufflé di spinaci
Spinach soufflé

Ingredienti per 4 persone
- 150 ml di latte
- 35 g di burro
- 45 g di farina
- sale, pepe, noce moscata
- 4 tuorli d'uovo
- 100 g di spinaci bolliti e tritati
- 60 g di patate cotte e passate
- 35 g di parmigiano grattugiato
- 4 albumi d'uovo
Per foderare gli stampi
- burro
- pangrattato
Per la composizione finale
- parmigiano grattugiato
- burro fuso

Serves 4
- 150 ml (¾ cup) of milk
- 35 g (1¼ oz) of butter
- 45 g (2 oz) of flour
- salt, pepper, nutmeg
- 4 egg yolks
- 100 g (3½ oz) of boiled, chopped spinach
- 60 g (2½ oz) of puréed potatoes
- 35 g (1 oz) of grated Parmigiano Reggiano
- 4 egg whites
To line the mold:
- butter
- breadcrumbs
To serve:
- grated Parmigiano Reggiano
- melted butter

Preparazione della besciamella
Scaldare il latte in un pentolino e al primo bollore toglierlo dalla fiamma. In un altro pentolino far fondere il burro, aggiungere la farina, abbassare la fiamma e versare il latte rimestando energicamente. Salare, pepare e unire un pizzico di noce moscata. La besciamella dovrebbe risultare piuttosto densa.

Preparazione del piatto
Unire alla besciamella i tuorli d'uovo, gli spinaci, le patate e il parmigiano.

Montare gli albumi a neve con un pizzico di sale. Incorporare metà degli albumi montati alla massa mescolando con cura. La restante metà unirla rimestando delicatamente.

Ungere uno stampo grande (o più stampini piccoli) con burro, cospargerlo di pangrattato, riempirlo con la massa fino a tre quarti. Infornare a bagnomaria a 160 °C. Tempo di cottura: per uno stampo grande circa 1 ora e 20 minuti; per gli stampini piccoli circa 30 minuti.

Presentazione del piatto
A cottura ultimata capovolgerlo, adagiarlo sui piatti da portata, cospargerlo di parmigiano grattugiato e burro fuso.

How to make the béchamel sauce
Heat the milk in a small saucepan and remove from heat when it reaches simmering point. In another small saucepan melt the butter, add the flour, lower the heat and pour in the milk, stirring briskly. Add salt, pepper and a pinch of nutmeg. The béchamel should be quite dense.

Preparation
Mix the egg yolks, spinach, potatoes, and Parmigiano into the béchamel.

Whisk the egg whites and a pinch of salt until stiff. Carefully fold half of the beaten egg whites into the mixture; fold in the other half of the egg whites.

Grease a large mold (or several small molds) with butter, sprinkle with breadcrumbs, and fill it to ¾ with the mixture. Bake in a bain-marie at 160 °C (320 °F). Cooking time for a large mold is about an hour and 20 minutes; for small molds about 30 minutes.

To serve
When done, tip onto a serving dish and sprinkle with grated Parmigiano, then drizzle with melted butter.

Asparagi con salsa bolzanina

Asparagus in Bozner Sauce

■ ■ ☐

Ingredienti per 4 persone
- 3 uova
- 1 cucchiaio di senape
- 1 cucchiaino di aceto di vino bianco
- 1 pizzico di sale
- 3 cucchiai di brodo di carne o acqua con dado
- 180 ml di olio di semi
- 2 cucchiai di erba cipollina tagliata finemente
- 2 kg di asparagi freschi
- 1 cucchiaio di zucchero

Serves 4:
- 3 eggs
- 1 tbsp of mustard
- 1 tsp of white wine vinegar
- a pinch of salt
- 3 tbsps of meat stock or diluted stock cube
- 180 ml (1 cup) of vegetable oil
- 2 tbsps of finely chopped chives
- 2 kg (4½ lbs) of fresh white asparagus
- 1 tbsp of sugar

Preparazione della salsa bolzanina
Cuocere le uova in acqua per 8 minuti. Raffreddarle in acqua fredda e dividere il rosso dal bianco.

In una bacinella mettere la senape, l'aceto, i rossi d'uovo, il sale e il brodo e mescolare con cura. A poco a poco versarvi l'olio sempre mescolando come per la maionese.

A questo punto aggiungere l'erba cipollina e il bianco d'uovo tritato grossolanamente. Mescolare delicatamente.

Preparazione degli asparagi
Sbucciare gli asparagi, adagiarli in una pentola e ricoprirli con acqua salata e bollente.

Aggiungere lo zucchero e far cuocere per 15-18 minuti circa.

Presentazione del piatto
Adagiare gli asparagi sui piatti da portata e coprirli con la salsa bolzanina.

How to make Bozner sauce
Boil the eggs for 8 minutes, cool with cold water, shell, and separate the yolk from the whites.

Put the mustard, vinegar, egg yolks, salt, and stock in a bowl and mix thoroughly. Drizzle in the oil a little at a time, stirring continuously as for mayonnaise.

At this point add the chives and the roughly chopped egg whites. Mix carefully.

How to prepare the asparagus
Peel the asparagus and arrange in a pan, covering with boiling salted water.

Add the sugar and cook for 15–18 minutes.

To serve
Arrange the asparagus on serving dishes and dress with Bozner sauce.

Vino Wine:
Vial Pinot Bianco (*v. pag. 266*).

Turtles (Pizzelle ripiene)
Filled pizzelle

■ ☐ ☐

Ingredienti per 8 pezzi
Per l'impasto:
- *200 g di farina di segale*
- *100 g di farina 00*
- *2 uova*
- *2 cucchiai di olio di semi*
- *150 ml di latte tiepido*
- *sale*
- *grasso (per friggere)*

Per il ripieno:
- *50 g di burro*
- *1 cucchiaio di cipolla tritata*
- *150 g di spinaci lessati e tritati*
- *150 g di ricotta*
- *sale, pepe, noce moscata*
- *1 cucchiaio di parmigiano grattugiato*

Ingredients for 8 pizzelle
For the mix:
- *200 g (1⅓ cups) of rye flour*
- *100 g (⅔ cups) of all-purpose white flour*
- *2 eggs*
- *2 tbsps of vegetable oil*
- *150 ml (¾ cup) of warm milk*
- *salt*
- *fat for frying*

For the filling:
- *50 g (2 oz) of butter*
- *1 tbsp of chopped onion*
- *150 g (6 oz) of boiled, chopped spinach*
- *150 g (6 oz) of ricotta*
- *salt, pepper, nutmeg*
- *1 tbsp of grated Parmigiano Reggiano*

Preparazione dell'impasto
In una bacinella mescolare le farine, aggiungere le uova, l'olio, il latte e il sale. Amalgamare il tutto fino a ottenere una pasta compatta e liscia.

Preparazione del ripieno
Sciogliere il burro in un tegame e farvi appassire la cipolla.

Aggiungere gli spinaci e lasciar cuocere per 5 minuti. Fare raffreddare il tutto.

Aggiungere la ricotta, sale, pepe, noce moscata e parmigiano grattugiato. Mescolare con cura tutti gli ingredienti.

Preparazione del piatto
Stendere due fogli di pasta dello spessore di circa 2 mm e della grandezza di circa 50 x 20 cm. Adagiare ogni 10 cm un cucchiaio di ripieno e schiacciarlo leggermente. Stendere un'altra sfoglia e ricoprire la prima.

Con la rotella dentellata sagomare dei cerchi intorno al ripieno. Premere bene i bordi.

Scaldare il grasso per friggere a 190 °C. Dorare da entrambi i lati, sgocciolare su carta assorbente e servire ben caldi.

How to make the dough
In a bowl stir together the flours, add the eggs, oil, milk and salt. Knead the dough until it is compact and smooth.

How to make the filling
Melt the butter in a skillet and sweat the onion.

Add the spinach and cook for 5 minutes.

Cool, then add the ricotta, salt, pepper, nutmeg, and grated Parmigiano. Mix all the ingredients carefully.

Preparation
Roll out two pieces of dough to about 50 x 20 cm (20 x 8 in) and about 2 mm e (⅛ in) thick, place a teaspoon of filling every 10 cm (4 in) and flatten gently. Roll out two more pieces of dough and to cover these.

Use a fluted pastry wheel to cut circles out around the fillings, pressing the edges down well.

Heat the fat for frying to about 190 °C (375 °F) and fry on both sides until golden brown, drain on kitchen paper and serve piping hot.

Brodo con fettine di milza

Sliced spleen in broth

Ingredienti per 4 persone
- ¼ di milza di manzo
- 2 tuorli d'uovo
- 1 spicchio di aglio tritato
- 1 cucchiaino di prezzemolo tritato finemente
- 1 cucchiaino di maggiorana tritata finemente
- sale
- pepe
- 1 presa di scorza di limone grattugiata
- 8 fette di pane bianco
- olio o grasso (per friggere)

Per la composizione finale:
- 1 l di brodo di carne
- 2 cucchiai di erba cipollina tagliata finemente

Serves 4
- ¼ of a beef spleen
- 2 egg yolks
- 1 chopped clove of garlic
- 1 tsp of finely chopped parsley
- 1 tsp of finely chopped marjoram
- salt
- pepper
- a pinch of grated lemon zest
- 8 slices of white bread
- oil or fat for frying

To serve:
- 1 l (5 cups) of meat stock
- 2 tbsps of finely chopped chives

Preparazione del piatto

Battere la milza con il batticarne fino ad ammorbidirla e poi raschiarla con una spatola.

Mettere la milza insieme ai tuorli d'uovo e le spezie (aglio, prezzemolo, maggiorana, sale, pepe e scorza di limone) in una bacinella, mescolando con cura.

Spalmare la massa dello spessore di 5 mm su una fetta di pane e coprire con un'altra fetta. Ripetere con tutte le fette di pane.

Scaldare abbondante olio per friggere a 170 °C. Friggere le fette di pane con la milza per 4-5 minuti circa. Sgocciolare e tagliare a striscioline.

Presentazione del piatto

Adagiare in un piatto fondo, servire con il brodo di carne e spolverare di erba cipollina.

Preparation

Beat the spleen with the meat tenderizer until it is soft and then scrape with a spatula.

Place the spleen, with the egg yolks and condiment (garlic, parsley, marjoram, salt, pepper, and lemon zest) in a bowl, then stir well.

Spread the mixture to a thickness of about 5 mm (¼ in) on a slice of bread and cover with another slice. Repeat with all the slices of bread.

Heat plenty of oil and fry at 170 °C (325 °F). Fry the slices of bread with the spleen for about 4–5 minutes. Drain and slice into thin strips.

To serve

Arrange on a dinner plate, serve with meat stock and sprinkle with chives.

Vino Wine:
Campaner Moscato Giallo (v. pag. 267).

Krapfen con ripieno di ricotta e patate
Ricotta and potato krapfen

■ ■ ☐

Ingredienti per 20 Krapfen ca.
Per la pasta:
- 250 g di farina di frumento
- 250 g di farina di segale
- 2 cucchiai di olio
- 1 uovo
- 1 pizzico di sale
- acqua tiepida q.b.
- grasso o olio (per friggere)
Per il ripieno:
- 300 g di ricotta passata
al setaccio
- 400 g di patate farinose cotte
e passate al passaverdure
- 2 cucchiai di erba cipollina
tagliata finemente
- 1 pizzico di sale

Makes about 20 krapfen
For the dough:
- 250 g (1⅔ cups) of wheat flour
- 250 g (1⅔ cups) of rye flour
- 2 tbsps of oil
- 1 egg
- a pinch of salt
- warm water as required
- fat or oil (for frying)
For the filling:
- 300 g (12 oz) of sieved ricotta
- 400 g (14 oz) puréed floury
potatoes
- 2 tbsps of finely chopped chives
- a pinch of salt

Preparazione dell'impasto
Impastare le farine, l'olio, l'uovo, il sale
e l'acqua fino a ottenere una pasta non
troppo dura. Lasciar riposare coperta per
30 minuti.

Preparazione del ripieno
Amalgamare la ricotta, le patate, l'erba
cipollina e il sale.

Preparazione del piatto
Su una spianatoia infarinata stendere
la pasta ricavando dei cilindri del
diametro di 3-4 cm. Ricavare dai
cilindri delle fette di 2-3 cm e tirare
delle sfoglie sottili dandogli una forma
rettangolare.

Nel centro di ogni sfoglia distribuire
2 cucchiai di ripieno (per lungo).
Chiuderle e premere bene i bordi.

Scaldare il grasso a 180 °C. Friggere
i Krapfen da entrambi i lati fino a
ottenere un colore dorato.

Lasciar sgocciolare su carta assorbente
prima di servire.

How to make the dough
*Knead the flours, oil, egg, salt, and
water until the dough is compact but
not too firm. Cover and leave to rest
for 30 minutes.*

How to make the filling
*Mix the ricotta, potatoes, chives, and
salt.*

Preparation
*On a floured work surface, make rolls
of a diameter of 3–4 cm (1–1½ in).
Slice the rolls into pieces of 2–3 cm
(1 in) in thickness and roll each piece
out thinly into a rectangle.*

*In the center of each piece put 2 tbsps
of filling (lengthwise). Close and press
the edges together well.*

*Heat the fat to 180 °C (350 °F). Fry
the krapfen on both sides until golden
brown.*

Drain on kitchen paper before serving.

Vino Wine:
Wadleith Chardonnay (v. pag. 266).

Cajincí rosc (Piccoli Krapfen ripieni di spinaci e ricotta)

Small krapfen with spinach and ricotta filling

Ingredienti per 4 persone
Per la pasta:
- 25 g di lievito
- 1 goccio di latte tiepido
- 200 g di patate cotte con la pelle
- 200 g di burro
- sale
- 4 uova
- 250 g di farina
- 125 ml di panna

Per il ripieno:
- ½ cipolla tritata
- 1 cucchiaio di burro
- 200 g di spinaci cotti e passati
- 150 g di ricotta
- sale
- grasso o olio (per friggere)

Serves 4
For the dough:
- 25 g (1 oz) of yeast
- a drop of warm milk
- 200 g (8 oz) potatoes cooked in their skins
- 200 g (8 oz) of butter
- salt
- 4 eggs
- 250 g (1⅔ cups) of flour
- 125 ml (½ cup) of cream

For the filling:
- ½ chopped onion
- 1 tbsp of butter
- 200 g (8 oz) of cooked, pureed spinach
- 150 g (6 oz) of ricotta
- salt
- fat or oil (for frying)

Preparazione dell'impasto
Sciogliere il lievito in un goccio di latte tiepido e lasciare fermentare per 1 ora e mezza in un luogo caldo.

Mettere le patate pelate e schiacciate in una bacinella. Aggiungere il burro, il sale, le uova, la farina, la panna e il lievito fermentato. Impastare il tutto energicamente finché l'impasto non si stacchi dalle pareti della bacinella.

Preparazione del ripieno
In una padella far rosolare la cipolla nel burro. Aggiungere gli spinaci, la ricotta e il sale. Amalgamare con cura il tutto.

Preparazione del piatto
Con un matterello stendere la pasta dello spessore di 1 cm. Con uno stampo rotondo (circa 5 cm di diametro) ricavare dei dischi. Su una metà di ogni disco inserire 1 cucchiaio di ripieno, chiudere con l'altra metà e premere bene i bordi. Lasciare riposare per 1 ora in un luogo caldo.

Scaldare il grasso per friggere a 190 °C. Friggere i cajincí da entrambi i lati, lasciar sgocciolare su carta assorbente e servirli caldi.

Vino Wine:
Premstaler Sauvignon (v. pag. 267).

How to make the dough
Dissolve the yeast in a little warm milk and leave to ferment for 1½ hours in a warm place.

Place the puréed potatoes in a bowl and add the butter, salt, eggs, flour, cream, and the fermented yeast. Mix well until the dough comes together and pulls away from the sides of the bowl.

How to make the filling
Sauté the onion in a skillet with the butter. Add the spinach, ricotta and salt. Mix thoroughly.

Preparation
With a rolling pin roll out the dough to a thickness of 1 cm (½ in). Cut discs of pasta using a round cutter of about 5 cm (2 in) in diameter. On half of each disc place a tbsp of filling, fold over the other half and press the edges together well. Leave in a warm place for an hour.

Heat the fat for frying to about 190 °C (375 °F). Fry the krapfen on both sides, drain on kitchen paper and serve hot.

Risotto con porcini
Porcini risotto

Ingredienti per 4 persone
- *200 g di porcini o finferli freschi*
- *70 g di porcini secchi*
- *120 g di burro*
- *1 cipolla piccola tritata*
- *1 spicchio di aglio tritato*
- *½ tazza di riso Carnaroli*
- *1 goccio di vino bianco*
- *1 cucchiaio di prezzemolo tritato*
- *2 cucchiai di parmigiano grattugiato*
- *acqua calda (per bagnare)*
- *sale*
- *pepe*
Per la composizione finale:
- *80 g di parmigiano grattugiato*

Serves 4
- *200 g (7 oz) of fresh porcini or chanterelles*
- *70 g (3 oz) of dry porcini*
- *120 g (4 oz) of butter*
- *1 small chopped onion*
- *1 chopped clove of garlic*
- *½ cup of carnaroli rice*
- *a drop of white wine*
- *1 tsp of chopped parsley*
- *2 tbsps of grated Parmigiano Reggiano*
- *warm water (for moistening)*
- *salt*
- *pepper*
To serve:
- *80 g (3 oz) of grated Parmigiano Reggiano*

Pulire i porcini o finferli e tagliarli in pezzi non troppo piccoli.

Immergere i funghi secchi in un po' d'acqua tiepida.

In una pentola sciogliere 50 g di burro, rosolare la cipolla e l'aglio insieme al riso. Bagnare con il vino bianco e farlo evaporare.

Unirvi i funghi (quelli secchi insieme alla propria acqua) e mescolare. Bagnare con l'acqua calda (tanta acqua quanta serve per coprire il riso).

Salare e pepare. Mescolare più volte con un mestolo di legno e di tanto in tanto aggiungere acqua calda. Far andare tutto a fuoco medio facendo attenzione che il riso non si attacchi.

Dopo 15 minuti unirvi il prezzemolo e il parmigiano grattugiato. Aggiungere il burro rimasto.

Togliere il risotto dalla fiamma e aggiustare di pepe.

Versare nei piatti da portata e servire cosparso di parmigiano grattugiato.

Clean the porcini or chanterelles and cut into small pieces.

Soak the dry mushrooms in a little warm water.

In a saucepan melt 50 g of butter and sauté the onion and garlic together with the rice. Moisten with a little white wine and let it evaporate.

Add the dried mushrooms with the water used to soak them and stir. Pour enough hot water to cover the rice.

Add salt and pepper. Stir continuously with a wooden spoon, adding hot water from time to time. Cook on a medium heat, making sure the rice does not stick.

After 15 minutes add the parsley and grated Parmigiano; add the remaining butter.

Take the rice off the heat and add pepper to taste.

Tip onto serving plates, sprinkle with grated Parmigiano and serve.

Vino Wine:
Söll Pinot Grigio (*v. pag. 266*).

Tagliatelle ai porcini
Tagliatelle with porcini

■ ▢ ▢

Ingredienti per 4 persone
Per la pasta:
- 200 g di farina
- 200 g di semola di grano duro
- 4 uova
- 1 cucchiaio di olio d'oliva
- 1 pizzico di sale
- 30 g di porcini secchi ammorbiditi in acqua calda e tritati finemente

Per la salsa:
- 4-5 porcini medi
- 50 g di burro
- 1 cucchiaio d'olio
- 1 foglia d'alloro
- 1 spicchio di aglio tritato
- 100 ml di brodo di carne
- 1 pizzico di sale
- 1 goccio di panna
- 2 cucchiai di prezzemolo tritato

Serves 4
For the pasta:
- 200 g (1⅔ cups) of flour
- 200 g (1⅔ cups) durum wheat flour
- 4 eggs
- 1 tbsp of olive oil
- a pinch of salt
- 30 g (1 oz) dried porcini mushrooms, softened in hot water and finely chopped

For the sauce:
- 4–5 medium porcini
- 50 g (2 oz) of butter
- 1 tbsp of olive oil
- 1 bay leaf
- 1 chopped clove of garlic
- 100 ml (1⅓ cups) of meat stock
- a pinch of salt
- a drop of cream
- 2 tbsps of chopped parsley

Preparazione delle tagliatelle

Impastare con uno sbattitore le farine, le uova, l'olio, il sale e i porcini secchi. Estrarre la pasta e impastarla a mano fino a che diventi liscia e omogenea. Lasciarla riposare per 15 minuti.

Tirare la pasta con un'apposita macchina o con un matterello. Ricavare dei rettangoli di 30x20 cm circa e dello spessore di 1-2 mm circa. Infarinarli, arrotolarli su se stessi e tagliare le tagliatelle della larghezza desiderata (circa 1 cm). Sgranare le tagliatelle su un vassoio e infarinarle bene. Coprire con uno straccio.

Preparazione della salsa

Pulire i funghi e affettarli sottilmente. In una padella sciogliere il burro con l'olio, unirvi i funghi e arrostirli bene. Aggiungere alloro e aglio. Bagnare con il brodo, far ridurre brevemente, salare, aggiungere la panna e lasciar tirare un po' la salsa. Spegnere il fuoco e unire il prezzemolo.

Preparazione del piatto

Far bollire dell'acqua salata e cuocervi le tagliatelle per 5 minuti circa, tenendo da parte un po' d'acqua di cottura per inumidirle. Farle saltare con la salsa. Adagiarle sui piatti da portata e cospargerle di prezzemolo tritato.

How to make the tagliatelle

Put the flours, eggs, olive oil, salt, and dried porcini in a bowl and mix quickly with a beater. Take the dough and knead it by hand until it is compact and smooth. Let it rest for 15 minutes.

Roll out the dough, either with a pasta maker or a rolling pin, into rectangles of about 30x20 cm (8x12 in) and about 1–2 mm (1/16–¼ in) thick. Dust with flour, roll up and cut into tagliatelle of the desired width (about 1 cm or 1/3 in). Shake out the tagliatelle onto a tray and dust them liberally with flour. Cover them with a kitchen towel until ready to cook.

How to make the sauce

Clean the mushrooms and slice thinly. Melt the butter in a skillet with the oil; add the mushrooms and brown. Add the bay leaf and garlic. Moisten with the stock, reduce rapidly, salt to taste, add the cream, and let the sauce reduce a little more. Turn off the heat and add the parsley.

Preparation

Cook the tagliatelle in boiling salted water for about 5 minutes. Keep a little of the cooking water aside to moisten the tagliatelle after mixing them with the sauce if they are too dry. Toss in the sauce. Arrange on serving plates and sprinkle with chopped parsley.

Zuppa d'orzo
Barley soup

■ ☐ ☐

Ingredienti per 4 persone
- 1,5 l di acqua
- sale
- 100 g di orzo
- 1 carota tagliata a dadini
- 1 patata tagliata a dadini
- ½ porro tagliato a dadini
- cime di sedano tritate finemente
- pepe (a piacere)
Per la composizione finale:
- erba cipollina tagliata finemente

Serves 4
- 1.5 l (7½ cups) of water
- salt
- 100 g (4 oz) of barley
- 1 diced carrot
- 1 diced potato
- ½ diced leek
- finely chopped celery tops
- pepper (to taste)
To serve:
- finely chopped chives

Salare l'acqua e farvi cuocere l'orzo.

Dopo 30 minuti aggiungere la carota, la patata e il porro.

Unire le cime di sedano, eventualmente aggiustare di sale e pepe e far cuocere altri 30 minuti.

Servire la zuppa con dell'erba cipollina tagliata finemente.

Suggerimento
La ricetta proposta è una variante per vegetariani. Normalmente nella cottura si unisce anche del carré di maiale affumicato o carne salata di maiale, talvolta anche con pancetta affumicata.

Salt the water and cook the barley.

After 30 minutes add the carrot, potato and leek.

Add the celery and add salt and pepper to taste; cook for another 30 minutes.

Serve the soup with the finely chopped chives.

Tips
This is a vegetarian version of the recipe. Usually smoked or salted pork is added, or sometimes smoked pancetta.

Vino Wine:
Greifenberg Lago di Caldaro (*v. pag. 269*).

Zuppa di formaggio grigio
Graukèse soup

Ingredienti per 4 persone
- 1 cipolla tritata finemente
- 1 cucchiaio di porro tritato finemente
- 1 cucchiaio di burro
- 2 cucchiai di farina
- 1 goccio di vino bianco
- 600 ml di brodo
- sale
- pepe
- 120 g di formaggio grigio ben stagionato tagliato a dadini
- 150 ml di panna
Per la composizione finale:
- 50 g di pane nero tagliato a dadini
- erba cipollina tagliata finemente

Serves 4
- *1 finely chopped onion*
- *1 tbsp of finely chopped leek*
- *1 tbsp of butter*
- *2 tbsps of flour*
- *a drop of white wine*
- *600 ml (3 cups) of stock*
- *salt*
- *pepper*
- *120 g (4½ oz) of ripe gray cheese cubes*
- *150 ml (¾ cup) of cream*
To serve:
- *50 g (2 oz) cubed rye bread*
- *finely chopped chives*

Preparazione della zuppa
Rosolare la cipolla e il porro tritati finemente nel burro.

Unire la farina e bagnare con il vino bianco. Aggiungere il brodo. Aggiustare di sale e pepe. Far cuocere per 2-3 minuti.

Unire il formaggio grigio tagliato a dadini e far bollire brevemente. Frullare il tutto.

Montare la panna e unirla alla zuppa.

Presentazione del piatto
Abbrustolire in padella senza olio il pane nero tagliato a dadini.

Servire la zuppa con i crostini di pane nero e dell'erba cipollina tagliata finemente.

How to make the soup
Sauté the finely chopped onion and leek in the butter.

Add the flour and moisten it with the white wine. Add the stock and salt and pepper to taste. Cook for about 2–3 minutes.

Add the gray cheese cubes and boil briefly. Blend.

Whip the cream and add it to the soup.

To serve
Brown the rye bread cubes in a skillet with no oil.

Serve the soup with the rye croutons and the finely chopped chives.

Vino Wine:
Campaner Gewürztraminer (v. pag. 267).

Crema di zucca

Cream of pumpkin

Ingredienti per 4 persone
- 50 g di burro
- ½ cipolla tritata
- 250 g di zucca tagliata a dadi
- 1 carota tagliata a dadi
- 2 patate medie tagliate a dadi
- 1 l di brodo
- sale
- pepe
- 1 cucchiaino di maggiorana

Per la composizione finale:
- 3 fette di pane bianco o pancarrè
- 1 cucchiaio di burro
- olio di semi di zucca

Serves 4
- 50 g (2 oz) of butter
- ½ chopped onion
- 250 g (10 oz) of diced pumpkin
- 1 diced carrot
- 2 medium diced potatoes
- 1 l (5 cups) of stock
- salt
- pepper
- 1 tsp of marjoram

To serve:
- 3 slices of white bread or sandwich loaf
- 1 tbsp of butter
- pumpkin seed oil

Preparazione della crema
Mettere il burro in una pentola e farvi appassire la cipolla.

Unire la zucca, la carota e le patate. Aggiungere il brodo e cuocere fino a quando le verdure si sfaldino. Aggiustare di sale e pepe e aggiungere la maggiorana.

Frullare il tutto.

Presentazione del piatto
Tagliare il pane in piccoli cubetti e abbrustolirlo in padella con il burro.

Versare la crema ben calda in un piatto fondo, servire con qualche goccia di olio di semi di zucca e i crostini di pane.

How to make the soup
Put the butter in a saucepan and sweat the onion.

Add the pumpkin, carrot and potato; add the stock and cook until the vegetables are tender. Add salt and pepper to taste; add the marjoram.

Blend.

To serve
Toast the croutons in a skillet with butter.

Pour the hot soup into bowls; serve with a few drops of pumpkin seed oil and the croutons.

Vino Wine:
Campaner Moscato Giallo (*v. pag. 267*).

SPINATRAHMNOCKEN

frische Blättern oder guten
Heinrich (- Wildspinat)

Zwiebel (gehackt)
Knoblauch

etwas Muskatnuß
Salz, Pfeffer

Spinat kurz in heißem Wasser blanchieren,
mit eiskaltem Wasser
... Laub ausdrücken und
hacken ... Pfeffer, Muskatnuß
Pfanne 50 g Butter schmelzen
Zwiebel und Knoblauch

Spinat dazugeben. Muskatnuß
als Pfeffer Muskatnuß abschmecken

zwischen ... die Eier ...

Pfeffer das Mehl beigeben

... ausgekühlten Spinat ...

Gnocchi e canederli
Gnocchi and canederli

Gnocchi al formaggio
Cheese gnocchi

■ ☐ ☐

Ingredienti per 4 persone
- 2 cucchiai di burro
- 1 cipolla piccola tritata finemente
- 400 g di pane bianco raffermo tagliato a dadi
- 100 g di erba cipollina tritata finemente
- 200 g di formaggio Zieger o formaggio grigio tagliato a dadini
- 3 uova
- 250 ml di latte
- 30 g di farina
- sale
- pepe
Per la composizione finale:
- parmigiano grattugiato
- burro fuso
- erba cipollina tagliata finemente

Serves 4
- 2 tbsp of butter
- 1 finely chopped onion
- 400 g (14 oz) cubed dry white bread
- 100 g (4 oz) finely chopped chives
- 200 g (4½ oz) of Zieger or gray cheese cubes
- 3 eggs
- 250 ml (1¼ cups) of milk
- 30 g (1 oz) of flour
- salt
- pepper
To serve:
- grated Parmigiano Reggiano
- melted butter
- finely chopped chives

Preparazione degli gnocchi
In una padella scaldare il burro e rosolarvi la cipolla.

Versare il pane, la cipolla, l'erba cipollina, il formaggio, le uova, il latte e la farina in una ciotola e mescolare con cura. Salare, pepare e impastare bene il tutto.

Con le mani inumidite formare degli gnocchi a forma di uovo.

Preparazione del piatto
Far bollire dell'acqua salata, ridurre la fiamma e farvi sobbollire gli gnocchi per 10 minuti.

Estrarre con la schiumarola e lasciar sgocciolare.

Cospargere con parmigiano grattugiato, versarvi del burro fuso e guarnire con erba cipollina tagliata finemente.

Suggerimento
Gli gnocchi al formaggio possono essere serviti anche con dell'insalata di crauti.

How to make the gnocchi
Heat the butter in a skillet and sauté the onion.

Put the bread, onion, chives, cheese, eggs, milk, and flour in a bowl and mix thoroughly. Add the salt and pepper and mix well.

Moisten hands and make egg-shaped gnocchi.

Preparation
Bring salted water to the boil, reduce heat and simmer the gnocchi for 10 minutes.

Remove with a skimmer and drain.

Sprinkle with grated Parmigiano, drizzle with melted butter and garnish with the finely chopped chives.

Tips
Cheese gnocchi can be served with sauerkraut salad.

Vino Wine:
Wadleith Chardonnay (v. pag. 266).

101
Gnocchi e canederli
Gnocchi and canederli

Canederli di formaggio grigio pressati

Flat graukèse canederli

◼ ◼ ⬚

Ingredienti per 4 persone
- 400 g di pane bianco raffermo tagliato a dadini
- 25 ml di latte
- ½ cucchiaino di sale
- prezzemolo tritato finemente
- 1 cucchiaio di burro
- ½ cipolla tritata
- 150 g di formaggio grigio tagliato a dadini
- 60 g di farina
- 2-3 uova
- olio (per rosolare)

Per la composizione finale:
- parmigiano grattugiato
- burro fuso

Serves 4
- 400 g (14 oz) cubed dry white bread
- 25 ml (⅛ cup) of milk
- ½ tsp of salt
- finely chopped parsley
- 1 tbsp of butter
- ½ chopped onion
- 150 g (5 oz) of gray cheese cubes
- 60 g (2½ oz) of flour
- 2–3 eggs
- oil (to sauté)

To serve:
- grated Parmigiano Reggiano
- melted butter

Preparazione dei canederli

Immergere il pane bianco nel latte. Aggiungere il sale e il prezzemolo.

In un padellino sciogliere il burro e rosolare la cipolla. Unirla al pane.

Aggiungere il formaggio grigio. Mescolare il tutto. Lasciare riposare per 20 minuti.

Unire la farina e le uova e impastare delicatamente e lasciare riposare per 10 minuti.

Con le mani inumidite formare dei canederli e schiacciarli leggermente.

Preparazione del piatto

Riscaldare dell'olio in padella e rosolare i canederli da entrambi i lati.

Far bollire dell'acqua salata, ridurre la fiamma e far sobbollire i canederli per 8-10 minuti.

Estrarre dall'acqua e disporre i canederli su un piatto. Cospargerli di parmigiano grattugiato e burro fuso.

How to make the canederli

Soak the white bread in the milk. Add the salt and the parsley.

In a skillet melt the butter and sauté the onion. Add to the bread.

Add the grey cheese and mix all the ingredients. Leave to rest for 20 minutes.

Add the flour and the eggs, stir thoroughly and leave to rest for 10 minutes.

Wet hands and shape the canederli, then flatten slightly.

Preparation

Heat the oil in the skillet and sauté the canederli on both sides.

Bring salted water to the boil, reduce heat and simmer the canederli for 8–10 minutes.

Remove and arrange on a plate. Sprinkle with grated Parmigiano and melted butter.

Vino Wine:
Campaner Gewürztraminer (v. pag. 267).

103 I canederli
Canederli

Testimonianza della parsimonia e dell'adattamento dei contadini sono i canederli sudtirolesi: semplici ma riconoscibili nel loro aspetto, variabili nel gusto con l'utilizzo di una vasta gamma di ingredienti stagionali, utilizzabili come primo piatto, contorno o addirittura dolce. Secondo una leggenda sono nati quando un'ostessa, per accontentare dei lanzichenecchi di passaggio, impastò i pochi ingredienti rimasti in dispensa, formando delle palline che faceva cuocere in acqua. Nelle case contadine il canederlo faceva parte del menu settimanale. Canederli di speck e canederli preparati con la farina di frumento, però, venivano degustati soltanto le domeniche e nelle giornate di festa. Nei giorni feriali, invece, il canederlo era fatto con farine considerate meno preziose come quelle di grano saraceno, di segale o di orzo o con l'aggiunta di formaggio. Nel periodo invernale in cui si macellavano determinati animali, per esempio i maiali, erano utilizzati anche il sangue o il fegato negli impasti. Esistono anche canederli senza il pane come ingrediente principale, come quelli con pasta di patate o i canederli di ricotta, entrambi da dessert e sicuramente meno presenti nelle tavole contadine di una volta.

South Tyrolean dumplings, called "canederli", are a great testimony to rural thrift and adaptation. Canederli are a plain but recognizable dish that vary in taste since a wide range of seasonal ingredients are used, and they can be served as a first course, side dish or even as a dessert. Tradition says was invented by an innkeeper's lady to satisfy passing mercenaries. She kneaded the few remaining ingredients from her pantry to form balls of dough that she boiled in water.
In country homes canederli were always part of the weekly menu although speck and wheat flour recipes were Sunday and feast-day specialties.
On weekdays, however, the dumplings were made with flour considered less refined like buckwheat, rye or barley, or with the addition of cheese.
In winter, when specific stock – like pork – was butchered, the blood or the liver was added to the mixture.
There are also canederli that do not use bread as a main ingredient, for example those made with potatoes or with ricotta cheese, both typically dessert canederli and definitely less common on the rural table of the past.

107
Gnocchi e canederli
Gnocchi and canederli

Canederli di spinaci
Spinach canederli

■ ■ ☐

Ingredienti per 4 persone
- 400 g di pane bianco raffermo tagliato a dadi
- sale
- 2 cucchiai di burro
- 1 cipolla tritata finemente
- 300-400 g di spinaci crudi in foglie
- 1 porro crudo tagliato a dadi
- 1 spicchio di aglio tritato
- prezzemolo tritato
- 4 uova
- 100 ml di latte
- 20 g di farina
Per la composizione finale:
- burro
- 3-4 foglie di salvia
- parmigiano grattugiato

Serves 4
- 400 g (14 oz) dry white bread cubes
- salt
- 2 tbsp of butter
- 1 finely chopped onion
- 300–400 g (10–14 oz) raw spinach leaves
- 1 raw diced leek
- 1 chopped clove of garlic
- chopped parsley
- 4 eggs
- 100 ml (½ cup) of milk
- 20 g (¾ oz) of flour
To serve:
- butter
- 3–4 sage leaves
- grated Parmigiano Reggiano

Preparazione dei canederli
Versare il pane in una ciotola e salarlo.

In una padella scaldare il burro e rosolare la cipolla. Unirla al pane.

Frullare gli spinaci e il porro crudi insieme all'aglio e al prezzemolo.

Aggiungerli al pane e mescolare con cura.

Frullare le uova con il latte, versarle sul composto del pane e sempre mescolando aggiungere la farina. Impastare bene il tutto e lasciare riposare un po'.

Con le mani inumidite formare dei canederli.

Preparazione del piatto
Far bollire dell'acqua salata e sobbollirvi i canederli per 8 minuti.

Toglierli con la schiumarola e farli sgocciolare.

In un pentolino far sciogliere il burro e unirvi la salvia.

Cospargere i canederli con del parmigiano grattugiato e versarvi il burro alla salvia.

How to make the canederli
Put the bread in a bowl and add salt.

Heat the butter in a skillet and sauté the onion. Add to the bread.

Blend the raw spinach and leek with the garlic and parsley.

Add them to the bread and mix carefully.

Blend the eggs with the milk, add the bread mixture and continue to stir while adding flour. Knead well and leave to rest for a short while.

Wet hands and shape the canederli.

Preparation
Bring salted water to the boil and simmer the canederli for 8 minutes.

Remove with a skimmer and drain.

Melt the butter in a small saucepan and add the sage.

Sprinkle grated Parmigiano Reggiano over the canederli and drizzle with the sage butter.

Canederli di fegato
Liver canederli

■ ■ ▢

Ingredienti per 4 persone
- 500 g di pane bianco raffermo tagliato a dadini
- 100 g di speck tagliato a dadini
- 1 spicchio di aglio tritato finemente
- ¼ di cipolla tritata finemente
- 200 g di fegato di manzo
- sale
- pepe
- maggiorana
- una presa di chiodi di garofano tritati finemente
- una presa di noce moscata
- 250 ml di latte
- 4 uova
- 1 cucchiaio di farina
Per la composizione finale:
- brodo di carne di manzo

Serves 4
- 500 g (18 oz) cubed dry white bread
- 100 g (4 oz) of diced speck
- 1 finely chopped clove of garlic
- ¼ finely chopped onion
- 200 g (7 oz) beef liver
- salt
- pepper
- marjoram
- a pinch of finely chopped cloves
- a pinch of nutmeg
- 250 ml (1¼ cups) of milk
- 4 eggs
- 1 tbsp of flour
To serve:
- beef stock

Preparazione dei canederli
Versare il pane in una ciotola.

In una padella rosolare lo speck con l'aglio e la cipolla e successivamente far raffreddare. Aggiungerlo al pane.

Macinare il fegato di manzo. Aggiungere le spezie e mescolare.

Successivamente lasciare riposare un po' e aggiungerlo al pane.

Unire il latte e le uova e amalgamare con cura il tutto.

Aggiungere la farina e mescolare bene.

Con le mani inumidite formare dei canederli.

Preparazione del piatto
In una pentola far bollire dell'acqua salata e cuocervi i canederli per 20-25 minuti circa.

Servire i canederli con del brodo di carne molto caldo.

How to make the canederli
Put the bread in a bowl.

Brown the speck in a skillet with the garlic and onion, then leave to cool. Add to the bread.

Grind the beef liver. Add the spices and mix.

Then leave to rest for a while and add to the bread.

Add the milk and eggs, and mix carefully.

Add flour and mix well.

Wet hands and shape the canederli.

Preparation
Bring salted water to the boil in a saucepan and cook the canederli for 20–25 minutes.

Serve the canederli with piping hot beef stock.

Vino Wine:
Pfarrhof Lago di Caldaro (v. pag. 271).

Gnocchi alla panna e spinaci

Spinach and cream gnocchi

Ingredienti per 4 persone
- *200 g di foglie di spinaci freschi*
- *50 g di burro*
- *½ cipolla tritata*
- *1 spicchio di aglio*
- *sale*
- *pepe*
- *noce moscata*
- *2 uova*
- *200 g di farina*
- *125 ml di panna fresca*
Per la composizione finale:
- *100 g di burro*
- *4-5 foglie di salvia*
- *4 cucchiai di parmigiano grattugiato*

Serves 4
- *200 g (7 oz) of fresh spinach leaves*
- *50 g (2 oz) of butter*
- *½ chopped onion*
- *1 clove of garlic*
- *salt*
- *pepper*
- *nutmeg*
- *2 eggs*
- *200 g (1⅓ cups) of flour*
- *125 ml (½ cup) of fresh cream*
To serve:
- *100 g (4 oz) of butter*
- *4–5 sage leaves*
- *4 tbsps of grated Parmigiano Reggiano*

Sbianchire gli spinaci in acqua bollente per 5 minuti, scolarli e raffreddarli con acqua fredda. Strizzarli e tritarli.

In una padella sciogliere il burro, rosolarvi la cipolla e l'aglio e unirvi gli spinaci. Salare, pepare e unire un pizzico di noce moscata. Cuocere per 5 minuti e far raffreddare.

Nel frattempo sbattere le uova, salarle e peparle. Unirvi la farina e la panna. Con un mestolo di legno impastare finché non si formino delle bolle. Aggiungere gli spinaci freddi, mescolare e lasciare riposare un po'.

Far bollire dell'acqua salata. Con l'aiuto di 2 cucchiai formare degli gnocchi a forma di uovo e farli scivolare nell'acqua bollente. Quando gli gnocchi vengono a galla diminuire la fiamma e far sobbollire per altri 5 minuti. Con la schiumarola togliere gli gnocchi dall'acqua e farli sgocciolare.

In un pentolino sciogliere il burro e unirvi la salvia.

Disporre gli gnocchi sul piatto, cospargerli con parmigiano grattugiato e burro alla salvia.

Blanch the spinach in boiling water for 5 minutes, drain and cool with cold water. Squeeze and chop.

Melt the butter in a skillet and sauté the onion and garlic; add the spinach. Add salt, pepper and a pinch of nutmeg. Cook for about 5 minutes. Leave to cool.

Meanwhile, beat the eggs and season with salt and pepper. Add the flour and cream. Stir with a wooden spoon until bubbles form. Add the spinach, stir and leave to rest for a while.

Bring salted water to the boil and with the help of 2 tablespoons form egg-shaped gnocchi, then slide into the boiling water. When the gnocchi float, lower the heat and simmer for another 5 minutes. Remove the gnocchi from the water with a skimmer and drain.

Melt the butter in a saucepan and add the sage.

Arrange the gnocchi on the plate, sprinkle with grated Parmigiano and sage butter.

Canederli di speck in brodo
Speck canederli in broth

■ ■ ▢

Ingredienti per 4 persone
- 500 g di pane bianco raffermo tagliato a dadini
- 100 g di speck tagliato a dadini
- ½ mazzetto di erba cipollina fresca tagliata finemente
- 350 ml di latte
- 4 uova
- sale
- 1 cucchiaio di farina
Per la composizione finale:
- 1 l di brodo di carne caldo

Serves 4
- 500 g (18 oz) cubed dry white bread
- 100 g (4 oz) of diced speck
- ½ sprig of finely chopped chives
- 350 ml (1¾ cups) of milk
- 4 eggs
- salt
- 1 tbsp of flour
To serve:
- 1 l (5 cups) of meat stock

Preparazione dei canederli
Versare il pane in una ciotola, distribuirvi sopra lo speck e l'erba cipollina.

Mescolare il latte, le uova e il sale. Unire al pane e mescolare con cura il tutto.

Aggiungere la farina e mescolare bene. Lasciare riposare per 15 minuti.

Con le mani inumidite formare dei canederli.

Preparazione del piatto
In una pentola far bollire dell'acqua salata, abbassare la fiamma e farvi sobbollire i canederli per 15-20 minuti.

Servire i canederli con del brodo di carne molto caldo.

Suggerimento
In alternativa al brodo, i canederli di speck possono essere serviti con insalata verde o insalata di crauti.

How to make the canederli
Place the bread in a bowl, sprinkle in the speck and chives.

Mix in the milk, eggs and salt. Add to the bread and carefully mix all the ingredients.

Add the flour and mix well. Leave to rest for 15 minutes.

Wet hands and shape the canederli.

Preparation
Bring a pan of salted water to the boil, lower the heat and simmer the canederli for 15–20 minutes.

Serve the canederli with piping hot beef stock.

Tips
As an alternative to the broth, the speck canederli can also be served with green or sauerkraut salad.

Vino Wine:
Signé Rosato (v. pag. 269).

Lo speck
Speck

Lo speck è uno dei più apprezzati prodotti locali, famoso ben oltre i confini della regione.

Le parti utilizzabili sono la coscia, la spalla, il carré e la pancia del maiale. Lo speck per eccellenza è quello ricavato dalle cosce. La macellazione avviene a circa un anno di età dell'animale. La carne viene disossata e massaggiata con una miscela di sale e diverse spezie, tra cui generalmente pepe, ginepro, aglio, pimento e alloro. Viene posta in un recipiente insieme alla salamoia e depositata in un luogo che dovrebbe avere la temperatura di 5 o 6 °C. Trascorse circa 2-3 settimane, la carne viene appesa per far sì che si asciughi. Dopo qualche giorno inizia l'affumicatura che viene praticata ogni due, tre o quattro giorni tramite legna di latifoglie, spesso con l'aggiunta di legna di ginepro. Dopo tre settimane circa viene fatta essiccare e maturare per 4-5 mesi in un luogo areato e fresco con una certa umidità. Per garantire un'ottima qualità dello speck sudtirolese e ottenere l'Indicazione Geografica Protetta devono essere seguite e rispettate certe regole nella preparazione.

Oltre ai numerosi produttori, esistono ancora molti contadini che con passione e dedizione mantengono vive le tradizioni producendo lo speck in casa propria come una volta.

Speck is one of the most appreciated local products, known even far beyond regional borders.

The parts that can be used to produce speck are the thigh, shoulder, loin, and belly pork, the best being that from the thigh. The animals are slaughtered at about a year old, the meat is boned and rubbed with a mixture of salt and various spices, usually including pepper, juniper, garlic, allspice, and bay leaf. The meat is placed in a container with the brine and left in a place with a room temperature of 5–6 °C (40 °F). After about two to three weeks, the meat is hung to dry and after a few days the smoking begins, undertaken every two, three or four days, using deciduous wood and often with the addition of juniper. After about three weeks it is dried and left to age for four to five months in a cool, ventilated and suitably humid place. To ensure optimum South Tyrolean speck quality and obtain protected geographical indication, specific production specifications must be followed and certain preparation indications guaranteed.

In addition to the many producers, there are still many passionate, dedicated farmers who keep alive the tradition of producing speck at home in the old style.

SPINATRAHMNOCKEN

frische Blätter ... oder guter
Heinrich (= Wild...)

... (gehackt)
...
etwas ... muß
Salz, Pf...

... in heißem Wasser blanchieren
... kalten Wasser
... außerdem ...
... Pfeffer ... muß
... 50 g Butter schmelzen
... und ...
... dazugeben ...
... Pfeffer ... muß abschmecken
... ...
zwischen ... die Eier ...

... das Mehl ...
... Esslöffel ...
... solle gut
... Spinat untermengen ...

Secondi piatti
Second courses

Gulasch di manzo
Beef goulash

Ingredienti per 4 persone
- 800 g di carne di manzo (spalla, collo o muscolo)
- olio (per rosolare)
- 400 g di cipolla tritata finemente
- sale, pepe
- 1 cucchiaio di paprica dolce
- 1 foglia d'alloro
- 50 g peperoni gialli e rossi tagliati finemente
- 1 l di fondo di vitello o brodo di carne
- 100 g di pomodori tagliati a dadi
- 1 cucchiaino di maggiorana tritata
- 1 spicchio di aglio tritato finemente
- 1 presa di scorza di limone grattugiata
- 1 cucchiaino di cumino tritato
- fecola (se necessaria)

Serves 4
- 800 g (28 oz) of beef (shoulder, neck or muscle)
- oil (to sauté)
- 400 g (14 oz) of finely chopped onion
- salt, pepper
- 1 tbsp of mild paprika
- 1 bay leaf
- 50 g (2 oz) of finely chopped yellow and red peppers
- 1 l (5 cups) of veal cooking juices or meat stock
- 100 g (4 oz) diced tomatoes
- 1 tsp of finely chopped marjoram
- 1 finely chopped clove of garlic
- 1 pinch of grated lemon zest
- 1 tsp of chopped cumin
- starch (if needed)

Tagliare la carne a dadi (2,5 x 2,5 cm).

In una pentola scaldare l'olio, rosolarvi le cipolle, finché abbiano un colore dorato.

Aggiungere la carne, salarla, peparla e rosolarla finché inizi a fuoriuscirne il suo succo.

Aggiungere la paprica, l'alloro e i peperoni e far sobbollire piano. Di tanto in tanto mescolare e bagnare con il fondo di vitello.

Dopo circa 1 ora unirvi i pomodori.

Far cuocere per altri 40 minuti circa, quindi togliere la carne, filtrare la salsa e aggiungervi la maggiorana, l'aglio, la scorza di limone e il cumino.

Se è troppo liquida legarla con della fecola.

Rimettervi la carne e servirla insieme alla salsa.

Dice the meat (2.5x2.5 cm or 1x1 in) then heat the oil in a saucepan and sauté the onions until golden brown.

Add the meat, add salt and pepper, and sauté until it starts to sweat its juices.

Add the paprika, bay leaf and peppers, and simmer slowly. Stir occasionally and drizzle with lamb stock.

After about an hour, add the tomatoes.

Cook for another 40 minutes or so, then remove the meat, strain the sauce and add the marjoram, garlic, lemon zest, and cumin.

If necessary, thicken with starch.

Replace the meat and serve with the sauce.

Vino Wine:
Campaner Cabernet Sauvignon Riserva (*v. pag. 270*).

Rosticciata del contadino
Bauerngröstel

▮ ▮ ☐

Ingredienti per 4 persone
- 400 g di carne di manzo lessa
- 600 g di patate cotte non farinose
- 3 cucchiai d'olio
- 30 g di burro
- 100 g di cipolla tritata finemente
- 2 spicchi di aglio tritati finemente
- sale
- pepe nero appena macinato
- 1 cucchiaino di maggiorana tritata finemente
- 1 foglia d'alloro
- 2 cucchiai di vino bianco
- 100 ml di fondo di vitello
Per la composizione finale:
- 2 cucchiai di erba cipollina tagliata finemente

Serves 4
- 400 g (14 oz) boiled beef
- 600 g (20 oz) cooked potatoes, not floury
- 3 tbsps of oil
- 30 g (1¼ oz) of butter
- 100 g (4 oz) of finely chopped onion
- 2 finely chopped cloves of garlic
- salt
- freshly-ground black pepper
- 1 tsp of finely chopped marjoram
- 1 bay leaf
- 2 tbsps of wine
- 100 ml (½ cup) of lamb stock
To serve:
- 2 tbsps of finely chopped chives

Tagliare la carne di manzo e le patate a strisce.

Scaldare l'olio e il burro in una padella antiaderente. Soffriggervi la cipolla e l'aglio. Aggiungere la carne di manzo e le spezie (sale, pepe, maggiorana e alloro). Successivamente bagnare con il vino bianco.

Unire le patate e farle arrostire a fuoco medio.

Quando la carne e le patate sono arrostite, bagnare con il fondo di vitello e servire con l'erba cipollina.

Cut the beef and potatoes into strips.

Heat the oil and butter in a non-stick skillet. Fry the onion and garlic. Add the beef and spices (salt, pepper, marjoram and bay leaf), then drizzle with white wine.

Add the potatoes and cook over a medium heat.

When the meat and the potatoes are done, add the veal juices and serve with chives.

Vino Wine:
Pfarrhof Lago di Caldaro (v. pag. 271).

Sella di agnello con crosta alle erbe
Saddle of Lamb with herb crust

■ ■ ■

Ingredienti per 4 persone
- *300 ml di fondo d'agnello*
- *800 g di sella di agnello con le costole*
- *sale*
- *pepe*
- *olio (per rosolare)*
Per il fondo d'agnello:
- *1 cucchiaio d'olio*
- *300 g di ossa d'agnello*
- *1 cucchiaio di farina*
- *1 cucchiaino di concentrato di pomodoro*
- *200 ml di vino rosso corposo*
- *1 carota, 1 cipolla e 1 gambo di sedano tagliati grossolanamente*
- *3-4 foglie di salvia*
- *1 foglia d'alloro*
- *1 rametto di rosmarino*
- *1 l di brodo o acqua con il dado*
- *sale*
- *pepe*
- *fecola (se necessaria)*
Per la crosta alle erbe:
- *80 g di pangrattato*
- *1 rametto di rosmarino tritato*
- *2 rametti di timo tritati finemente*
- *4 cucchiai di prezzemolo tritato*
- *1 spicchio di aglio tritato finemente*
- *80 g di burro (a temperatura ambiente)*
- *sale*
- *pepe*

Preparazione del fondo d'agnello
In una pentola scaldare l'olio e rosolarvi bene le ossa. Aggiungere la farina, il concentrato di pomodoro, bagnare con metà del vino e far ridurre brevemente.

Unire le verdure (carota, cipolla, sedano) e le spezie (salvia, alloro, rosmarino), bagnare con il restante vino e far cuocere per circa 15 minuti a fuoco medio.

Versare il brodo e far bollire per circa 1 ora e 20 minuti. Filtrare il fondo, salare, pepare e farlo ridurre ancora un po'. Eventualmente legarlo con della fecola diluita in acqua.

Togliere dalla carne i tendini e i grassi in eccesso. Salare e pepare. In una padella scaldare l'olio e rosolarvi la carne da tutti i lati. Toglierla e tenerla al caldo.

Preparazione della crosta alle erbe
Tritare in un mixer il pangrattato, il rosmarino, il timo, il prezzemolo, l'aglio, il sale e il pepe. Togliere e mescolare con il burro.

>>>

How to make the lamb stock
Heat the oil in a saucepan and fry the bones well. Add the flour, tomato paste, drizzle with half the wine and reduce quickly.

Add the vegetables (carrot, onion, celery) and herbs (sage, bay leaf, rosemary); drizzle in the remaining wine and cook for about 15 minutes over medium heat.

Pour in the broth and simmer for about an hour and 20 minutes. Strain the stock, add salt and pepper, reduce further. If necessary, thicken with starch diluted in water.

Strip the meat of excess tendons and fat. Add salt and pepper. Heat the oil in a skillet and brown the meat on all sides. Remove and keep warm.

How to make the herb crust
Blend the breadcrumbs, rosemary, thyme, parsley, garlic, salt and pepper, remove from the blender and mix in the butter.

>>>

Serves 4
- 300 ml (1½ cups) of lamb stock
- 800 g (28 oz) of saddle of lamb
with ribs
- salt
- pepper
- oil (to sauté)
For the lamb stock:
- 1 tbsp of olive oil
- 300 g (10 oz) lamb bones
- 1 tbsp of flour
- 1 tsp of tomato paste
- 200 ml (1 cup) of strong red wine
- 1 roughly chopped carrot
- 1 roughly chopped onion
- 1 roughly chopped celery stalk
- 3–4 sage leaves
- 1 bay leaf
- 1 sprig of rosemary
- 1 l (5 cups) of stock or stock cube
dissolved in water
- salt
- pepper
- starch (if needed)
For the herb crust:
- 80 g (3 oz) of breadcrumbs
- 1 finely chopped sprig of rosemary
- 2 finely chopped sprigs of thyme
- 4 tbsps of chopped parsley
- 1 finely chopped clove of garlic
- 80 g (3 oz) of butter (room
temperature)
- salt
- pepper

<<<

Preparazione del piatto
Spalmare la carne con la crosta alle
erbe.

Infornarla a 160 °C e farla cuocere
per 10 minuti. Toglierla e lasciarla
riposare per 5 minuti al caldo.

Versare il fondo d'agnello preparato
in precedenza sul piatto da portata,
affettare l'agnello dello spessore di
1 cm circa e adagiare le fette sulla
salsa.

<<<

Preparation
Coat the meat with the herb crust.

Place in an oven heated to 160 °C
(320°F) and cook for 10 minutes.
Remove and allow to rest for 5 minutes
in a warm place.

Pour the previously prepared lamb stock
onto a serving platter, slice the lamb to a
thickness of 1 cm (½ in) and arrange the
slices in the sauce.

Vino Wine:
Spigel Lagrein (v. pag. 270).

Salsicce
Sausages

■ ☐ ☐

Ingredienti per 4 persone
- 8 salsicce
- olio

Serves 4
- 8 sausages
- oil

Far bollire dell'acqua leggermente salata. Abbassare la fiamma e farvi sobbollire le salsicce per 5 minuti.

Scaldare l'olio in padella e cuocervi le salsicce da tutti i lati.

In alternativa, cuocere le salsicce per 10 minuti in acqua leggermente salata.

Suggerimento
Servire le salsicce con della verdura grigliata oppure con un'insalata di patate o crauti stufati o ancora con un'insalata di crauti.

Bring salted water to the boil and lower the heat, then simmer the sausages for 5 minutes.

Heat the oil in a frying pan and cook the sausages on all sides.

Otherwise cook the sausages for 10 minutes in lightly salted water.

Tips
Serve the sausages with grilled vegetables or potato salad, stewed cabbage, or sauerkraut salad.

Vino Wine:
Vial Pinot Bianco (v. pag. 266).

Costine di maiale
Spare ribs

Ingredienti per 4 persone
- 800 g di costine di maiale
- sale alle erbe (sale mischiato con salvia, rosmarino, alloro e ginepro)
- 1 cucchiaio di burro
- 1 cipolla grande tritata
- 1 goccia di vino rosso
- 1 gambo di sedano tagliato grossolanamente
- 2-3 carote tagliate grossolanamente
- ½ rametto di rosmarino
- 2-3 foglie di salvia
- 200 ml di brodo

Serves 4
- 800 g (28 oz) spare ribs
- herb salt (salt mixed with sage, rosemary, bay leaf, and juniper)
- 1 tbsp of butter
- 1 large chopped onion
- a drop of red wine
- 1 roughly chopped celery stalk
- 2–3 roughly chopped carrots
- ½ sprig of rosemary
- 2–3 sage leaves
- 200 ml (1 cup) of stock

Massaggiare le costine con il sale alle erbe.

In una padella scaldare il burro e rosolarvi la cipolla. Aggiungere le costine e rosolarle da tutti i lati. Bagnare con il vino rosso. Unire il sedano, le carote, il rosmarino e le foglie di salvia.

Infornare a 160 °C e far cuocere per 45 minuti circa. Di tanto in tanto girarle e bagnarle con del brodo.

Suggerimento
Servire le costine con della polenta o con delle patate arrostite insieme ai crauti.

Rub the herb salt into the spare ribs.

Heat the butter in a skillet and sauté the onion. Add the spare ribs and fry on both sides. Drizzle with red wine. Add the celery, carrots, rosemary, and sage leaves.

Place in an oven heated to 160 °C (320°F) and cook for 45 minutes. Stir occasionally and drizzle with stock.

Tips
Serve the spare ribs with polenta or roast potatoes and sauerkraut.

Vino Wine:
Saltner Pinot Nero (v. pag. 270).

Stinco di vitello

Veal shank

■ ■ ☐

Ingredienti per 4 persone
- 1 stinco di vitello (dalla coscia posteriore)
- sale
- pepe
- olio (per rosolare)
- 80 ml di vino bianco
- 500 ml di fondo scuro di vitello
- 1 carota tagliata a dadi
- 1 cipolla tagliata a dadi
- 2 gambi di sedano tagliati a dadi
- 1 rametto di rosmarino
- 5-6 foglie di salvia
- fecola (se necessaria)

Serves 4
- 1 veal shank (back leg)
- salt
- pepper
- oil (to sauté)
- 80 ml (⅓ cup) of white wine
- 500 ml (2½ cups) brown veal stock
- 1 diced carrot
- 1 diced onion
- 2 diced celery stalks
- 1 sprig of rosemary
- 5–6 sage leaves
- starch (if needed)

Salare e pepare lo stinco di vitello.

In una padella scaldare l'olio e rosolare la carne da tutti i lati. Successivamente infornarla a 180 °C per 30 minuti. Girarla di tanto in tanto e bagnarla con il vino bianco e il fondo di vitello.

Ridurre la temperatura a circa 150 °C. Aggiungere le verdure (carota, cipolla e sedano) e le spezie (rosmarino e salvia).

Quando la carne è cotta (dopo circa 2 ore) toglierla dal forno e tenerla al caldo.

Eventualmente far ridurre la salsa, filtrarla, aggiustarla di sale e pepe e se necessario legarla con della fecola.

Servire lo stinco intero con l'osso.

Season the veal shank with salt and pepper.

Heat the oil in a skillet and brown the meat on all sides, then bake for 30 minutes at 180 °C (355 °F). Turn from time to time and drizzle with white wine and veal stock.

Lower the temperature to about 150 °C (300 °F). Add vegetables (carrot, onion and celery) and the herbs (rosemary and sage).

When the meat is done (about 2 hours), remove from the oven and keep warm.

If necessary, reduce the sauce, strain and add salt and pepper to taste, thickening with starch if too liquid.

Serve the shank whole, on the bone.

Vino Wine:
Campaner Cabernet Sauvignon Riserva (v. pag. 270).

Arrosto di capra nostrana della Val Passiria

Val Passiria roast kid

▯ ▯ ▯

Ingredienti per 4 persone
- 1 kg di carne di capra
- 1 cucchiaino di sale
- 1 pizzico di pepe
- olio all'aglio
- olio (per rosolare)
- 3 carote tagliate grossolanamente
- 2 cipolle tagliate grossolanamente
- 1 sedano rapa tagliato grossolanamente
- 2 pomodori freschi tagliati in quattro
- 1 rametto di rosmarino
- 4-5 foglie di salvia
- 1 cucchiaio di santoreggia tritata
- 500 ml di brodo di carne
- fecola (se necessaria)

Serves 4
- 1 kg (2 lbs) of kid
- 1 tsp of salt
- 1 pinch of pepper
- garlic oil
- oil (to sauté)
- 3 roughly chopped carrots
- 2 roughly chopped onions
- 1 roughly chopped celeriac
- 2 fresh tomatoes cut in 4
- 1 sprig of rosemary
- 4–5 sage leaves
- 1 tbsp of chopped summer savory
- 500 ml (2½ cups) of meat stock
- starch (if needed)

Tagliare la carne a pezzi grossolani, massaggiarli con sale, pepe e olio all'aglio. Lasciare riposare per circa 4 ore.

In una pentola scaldare dell'olio, aggiungere la carne e rosolarla bene.

Aggiungere le carote, le cipolle, il sedano rapa, i pomodori, il rosmarino, la salvia e la santoreggia.

Infornare a 160 °C. Bagnare la carne di tanto in tanto con il proprio succo e con il brodo di carne. Dopo circa 1 ora e mezza toglierla dal forno.

Filtrare la salsa e correggerla di sale e pepe. Eventualmente legarla con della fecola.

Suggerimento
I canederli di speck si prestano come ottimo contorno di questo secondo.

Chop the meat into pieces; rub with salt, pepper, and garlic oil. Leave for about 4 hours.

Heat the oil in a saucepan, add the meat and brown well.

Add the carrots, onions, celeriac, tomatoes, rosemary, sage, and summer savory.

Place in an oven heated to 160 °C (320°F). Moisten the meat from time to time with its own juices and the meat stock. After an hour and a half, remove from the oven.

Strain the sauce and add salt and pepper to taste. If necessary, thicken with starch.

Tips
Speck canederli are an excellent side dish for this main course.

Vino Wine:
Pfarrhof Cabernet Sauvignon Riserva (*v. pag. 271*).

Stinco di maiale
Pork shank

▪ ◻ ◻

Ingredienti per 4 persone
- rosmarino tritato
- salvia tritata
- paprica in polvere
- sale
- 4 stinchi di maiale di media grandezza
- 1 carota tagliata grossolanamente
- 1 cipolla tagliata in quarti
- 1 gambo di sedano tagliato grossolanamente
- 1 cucchiaino d'olio
- 300 ml di vino bianco (per bagnare)
- 100 ml di birra (per bagnare)

Serves 4
- chopped rosemary
- chopped sage
- paprika powder
- salt
- 4 medium-size pork shanks
- 1 roughly chopped carrot
- 1 onion cut into 4 pieces
- 1 roughly chopped celery stalk
- 1 tsp of oil
- 300 ml (1½ cups) of white wine (for moistening)
- 100 ml (½ cup) of beer (for moistening)

Mescolare il rosmarino, la salvia, la paprica e il sale. Massaggiare gli stinchi con questa mistura di spezie.

Mettere gli stinchi in una placca da forno, unire la carota, la cipolla, il sedano e l'olio.

Infornare a 180 °C per 2½-3 ore. Durante la cottura bagnare di tanto in tanto con il vino bianco.

Negli ultimi 30 minuti usare la birra per bagnare. Gli stinchi dovrebbero avere un bel colore dorato.

Togliere gli stinchi dal forno. Filtrare la salsa.

Adagiare gli stinchi su un vassoio e servirli con la propria salsa.

Mix the rosemary, sage, paprika, and salt. Rub this herb mixture into the meat.

Place the shanks in a baking tray, add the carrot, onion, celery, and olive oil.

Bake at 180 °C (350 °F) for 2½–3 hours. While cooking moisten occasionally with white wine.

For the last 30 minutes, moisten with beer. The shanks should have a nice golden color.

Remove from the oven. Strain the sauce.

Arrange the shanks on a tray and serve in their own juices.

Vino Wine:
Cardan St. Magdalener (*v. pag. 269*).

Gulasch di cervo

Venison goulash

■ ■ ■

Ingredienti per 4 persone
- *800 g di spalla di cervo*
- *4 cipolle grandi tritate*
- *1 cucchiaio di olio (per rosolare)*
- *1 cucchiaio di paprica in polvere*
- *1 cucchiaio di aceto*
- *sale*
- *2-3 bacche di ginepro schiacciate*
- *1 crosta di pane nero*
- *200 ml di brodo*
- *1 cucchiaio di farina*
- *100 ml di acqua tiepida*

Serves 4
- *800 g (28 oz) of venison shoulder*
- *4 large chopped onions*
- *1 tbsp oil (to sauté)*
- *1 tsp of paprika powder*
- *1 tbsp of vinegar*
- *salt*
- *2–3 crushed juniper berries*
- *1 rye bread crust*
- *200 ml (1 cup) of stock*
- *1 tbsp of flour*
- *100 ml (½ cup) warm water*

Tagliare la carne in grossi dadi (5 x 5 cm).

Rosolare le cipolle tritate in padella con dell'olio.

Aggiungere la paprica in polvere e bagnare con l'aceto. Aggiungere la carne, un po' di sale, le bacche di ginepro e la crosta di pane nero. Bagnare con 100 ml di brodo.

Lasciare cuocere per 2-2½ ore circa. Se si dovesse asciugare troppo durante la cottura aggiungere il restante brodo.

Per legare la salsa mescolare la farina con l'acqua tiepida, unire alla carne e mescolare con cura. Al posto della farina si può usare anche della fecola.

Suggerimento
Come contorno sono consigliati dei canederli di speck.

Cut the meat into large pieces (5x5 cm or 2x2 in).

Brown the chopped onions in a skillet with the oil.

Add the paprika powder and sprinkle with vinegar. Add the meat, salt, juniper berries, and rye bread crust. Wet with 100 ml (½ cup) of stock.

Cook for about 2–2½ hours. If it dries too much during cooking, add the remaining stock.

To thicken the sauce, mix flour with warm water, then add to the meat and mix thoroughly. Starch may be used as an alternative to the flour.

Tips
Serve speck canederli as a side dish.

Vino Wine:
Spigel Lagrein (v. pag. 270).

Medaglioni di cervo con salsa ai mirtilli rossi
Venison medallions in cranberry sauce

■ ■ ■

Ingredienti per 4 persone
- 700 g di filetto di cervo
- 2 cucchiai di olio (per rosolare)

Per il fondo di selvaggina:
- ritagli del filetto
- 2 cucchiai di olio di semi
- 1 carota, 1 cipolla e 1 gambo di sedano tagliati grossolanamente
- 1 cucchiaio di concentrato di pomodoro
- 100 ml di vino rosso
- 500 ml di brodo di carne
- 3 bacche di ginepro schiacciate, 20 g di timo, 2 foglie d'alloro, 1 rametto di rosmarino, 3 foglie di salvia

Per la salsa ai mirtilli rossi:
- 8 cucchiai di marmellata di mirtilli
- 100 ml di vino rosso corposo
- 200 ml di fondo di selvaggina

Serves 4
- *700 g (25 oz) of venison filet*
- *2 tbsps oil (to sauté)*
- *For the game stock:*
- *filet offcuts*
- *2 tbsps of vegetable oil*
- *1 carrot, 1 onion, 1 celery stalk roughly chopped*
- *1 tsp tomato paste*
- *100 ml (½ cup) of strong red wine*
- *500 ml (2½ cups) of stock*
- *3 crushed juniper berries, 20 g (½ oz) thyme, 2 bay leaves, 1 sprig of rosemary, 3 sage leaves*
- *For the cranberry sauce:*
- *8 tbsps of cranberry jelly*
- *100 ml (½ cup) of strong red wine*
- *200 ml (1 cup) game stock*

Preparazione del fondo di selvaggina
Dopo aver pulito il filetto di cervo dal grasso in eccesso, rosolare in padella i ritagli del filetto con l'olio. Aggiungere le verdure e rimestare bene. Unire il concentrato di pomodoro, bagnare con il vino rosso. Aggiungere il brodo e far cuocere a fuoco medio per 1 ora circa. 15 minuti prima di terminare la cottura unire gli aromi.

Filtrare il tutto. Aggiustare di sale e pepe. Eventualmente far ridurre ancora un po' o legare con della fecola.

Preparazione dei medaglioni di cervo
Tagliare il filetto in 8 medaglioni. Salarli, peparli e rosolarli in padella con l'olio (circa 2 minuti per parte). Toglierli e avvolgerli con della carta alluminio per mantenerli al caldo. Eliminare l'olio in eccesso dalla padella.

Preparazione della salsa ai mirtilli
Nella padella unire la marmellata di mirtilli rossi, cuocerla brevemente. Bagnare con il vino rosso. Far ridurre e aggiungere il fondo di selvaggina. Far ridurre la salsa.

Presentazione del piatto
Disporre i medaglioni sui piatti da portata e ricoprirli con la salsa.

How to make the game stock
Trim excess fat from the meat. Brown the filet offcuts in the oil. Add the vegetables and mix well. Add the tomato paste and drizzle in the red wine. Add the stock and cook on a medium heat for about an hour. 15 minutes before the meat is done, add the herbs.

Strain, add salt and pepper to taste. If necessary, reduce further or thicken with the starch.

How to prepare the venison medallions
Cut the filet into 8 medallions. Add salt and pepper, then brown in a skillet with the oil (about 2 minutes per side). Remove and wrap them in tin foil to keep warm. Remove excess oil from the skillet.

How to make the cranberry sauce
Add the cranberry jelly to the skillet and cook quickly. Wet with red wine. Reduce and add the game stock. Reduce the sauce.

To serve
Arrange the medallions on a serving platter and cover with cranberry sauce.

Vino Wine:
Pfarrhof Cabernet Sauvignon Riserva (v. pag. 271).

Arrosto di agnello
Roast lamb

■ ■ ■

Ingredienti per 4 persone
- 800 g di carne di agnello con
le ossa
- sale alle erbe (sale mischiato
con timo e rosmarino tritati)
- 125 g di burro
- 125 ml di olio di semi di girasole
- ½ testa di aglio
- 125 ml di vino bianco secco
- 500 ml di acqua calda
  (per bagnare)
- pepe
- 4 carote piccole tagliate
grossolanamente
- 8 patate piccole sbucciate

Serves 4
- 800 g (28 oz) of lamb on the bone
- herb salt (salt mixed with chopped
rosemary and thyme)
- 125 g (1¼ oz) of butter
- 125 ml (⁵/8 cup) sunflower oil
- ½ clove of garlic
- 125 ml (⁵/8 cup) of dry white wine
- 500 ml (1 cup) of hot water
(for wetting)
- pepper
- 4 roughly chopped carrots
- 8 small peeled potatoes

Massaggiare i pezzi di carne con il sale
alle erbe.

In una pentola bassa scaldare l'olio
e il burro e rosolare la carne da tutti
i lati. Aggiungere la testa di aglio
dimezzata con la parte piatta rivolta
verso il basso. Bagnare con il vino
bianco e farlo evaporare. Bagnare
con l'acqua calda. Pepare.

Infornare a 130 °C e far cuocere
per 30 minuti circa. Di tanto in tanto
girare la carne.

Adagiare le carote intorno alla carne
e bagnare nuovamente con dell'acqua
calda. Dopo 5-7 minuti aggiungere
anche le patate. Mescolare ed
eventualmente aggiustare di sale
e bagnare ancora con dell'acqua calda.
Dopo 10 minuti dovrebbero essere cotte
anche le patate.

Servire la carne con la propria salsa.

Rub the pieces of meat with the herb salt.

In a wide shallow pan heat the oil and
butter and brown the meat on all sides.
Add the half clove of garlic with the flat
side down. Wet with a little white wine
and let it evaporate. Wet with the hot
water. Add pepper.

Bake at 130 °C (265 °F) for 30 minutes.
From time to time, turn the meat.

Arrange the carrots around the meat
and sprinkle with more hot water.
After 5–7 minutes add the potatoes.
Stir and add salt to taste, then pour
in more hot water. After 10 minutes
the potatoes should also be done.

Serve the meat in its own juices.

Vino Wine:
Spigel Lagrein (v. pag. 270).

Anatra all'arancia
Duck à l'orange

▪ ▪ ▪

Ingredienti per 4 persone
- *2 petti d'anatra*
- *30 g di sale grosso*
- *300 ml di salsa all'arancia*
- *3 cucchiai di olio di semi (per rosolare)*
- *4 cucchiai di miele*

Per la salsa all'arancia:
- *3 cucchiai di zucchero*
- *200 ml di acqua*
- *200 ml di succo d'arancia*
- *ritagli dei petti*
- *1 cucchiaio di olio di semi*
- *1 carota, 1 cipolla e 1 gambo di sedano tagliati grossolanamente*
- *1 cucchiaio di concentrato di pomodoro*
- *200 ml di vino rosso*
- *500 ml di brodo di verdure*
- *2 foglie di salvia, 1 rametto di rosmarino, 1 foglia d'alloro*
- *sale, pepe*
- *2 arance*

Serves 4
- *2 duck breasts*
- *30 g (1 oz) of coarse salt*
- *300 ml (1½ cups) of orange sauce*
- *3 tbsps vegetable oil (to sauté)*
- *4 tbsps of honey*

For the orange sauce:
- *3 tbsps of sugar*
- *200 ml (1 cup) of water*
- *200 ml (1 cup) of orange juice*
- *breast offcuts*
- *1 tbsp of vegetable oil*
- *1 carrot, 1 onion, 1 celery stalk roughly chopped*
- *1 tsp tomato paste*
- *200 ml (1 cup) of strong red wine*
- *500 ml (2½ cups) of vegetable stock*
- *2 sage leaves, 1 sprig of rosemary, 1 bay leaf*
- *salt, pepper*
- *starch (if needed)*
- *2 oranges*

Preparazione dei petti d'anatra (il giorno precedente)

Pulire i petti d'anatra dal grasso in eccesso. Tagliarli a metà, inciderli diagonalmente e cospargerli di sale grosso. Avvolgerli nella pellicola trasparente con il proprio sale e riporli in frigorifero per 8-10 ore.

Preparazione della salsa all'arancia

In un pentolino far caramellare lo zucchero con l'acqua. Bagnare il caramello con il succo d'arancia. Toglierlo dal fuoco. Rosolare in padella i ritagli dei petti con l'olio di semi. Unire la carota, la cipolla e il sedano. Far andare qualche minuto e poi aggiungere il concentrato di pomodoro. Bagnare con il vino rosso. Far ridurre e poi unire il caramello all'arancia e il brodo. Cuocere per circa 1 ora a fuoco medio (30 minuti prima di terminare la cottura unire gli aromi). Filtrare la salsa, aggiustarla di sale e pepe. Eventualmente farla ridurre ancora un po' o legarla con della fecola. Sbucciare le arance e tagliare la scorza a strisce sottili. Scottarla per 2-3 minuti in acqua bollente e poi raffreddarla in acqua fredda. Tagliare le arance a cubetti e aggiungere il tutto alla salsa.

Preparazione del piatto

In padella con un po' di olio rosolare i petti dalla parte della pelle per 5 minuti circa. Girarli e cuocerli per altri 2 minuti circa. Aggiungere su ogni petto un cucchiaio di miele. Passarli per 5 minuti circa in forno preriscaldato a 190 °C. Toglierli, attendere circa 2 minuti e affettarli diagonalmente. Adagiarli sui piatti da portata e servirli con la salsa all'arancia.

How to prepare the duck breasts (the day before)

Trim the excess fat from the meat. Cut the breasts in half, cut diagonally and sprinkle with coarse salt. Wrap in kitchen film and leave in the refrigerator for 8–10 hours.

How to make orange sauce

Caramelize the sugar and water in a small saucepan. Drizzle the orange juice into the caramel. Remove from the heat. Fry the offcuts in the skillet with the vegetable oil. Add the carrot, onion and celery. Cook for a few minutes and add the tomato paste. Add the red wine. Reduce and then add the orange caramel and the stock. Cook for about 1 hour over medium heat (in 30 minutes the meat is done, then add the herbs). Strain the sauce, add salt and pepper to taste. If necessary, reduce further or thicken with potato starch. Peel the oranges and cut the peel into thin strips. Sear for 2–3 minutes in boiling water and then cool in cold water. Dice the oranges and add to the sauce.

Preparation

Cook the breasts skin side for 5 minutes in a skillet with a little oil. Turn and cook for another 2 minutes. Add a tbsp of honey to each breast. Bake for 5 minutes in a preheated oven at 190 °C (375 °F). Remove, wait for about 2 minutes and slice diagonally. Place on serving plates and serve with the orange sauce.

Arrosto di cervo
Roast venison

⬛ ⬛ ⬛

Ingredienti per 4 persone
- 800 g di carne di cervo
- sale
- pepe
- 50 ml di olio di semi di girasole
- 50 g di burro
- 1 cipolla piccola tritata
- 1 spicchio di aglio schiacciato
- ½ sedano rapa tagliato grossolanamente
- ½ porro tagliato grossolanamente
- 4 carote tagliate grossolanamente
- 125 ml di vino rosso corposo
- 1 cucchiaino di timo
- 2 foglie di alloro
- 4-5 bacche di ginepro pestate con il mortaio
- 200 ml di acqua calda (per bagnare)

Serves 4
- 800 g (28 oz) of venison
- salt
- pepper
- 50 ml (¼ cup) sunflower oil
- 50 g (1¼ oz) of butter
- 1 small chopped onion
- 1 crushed clove of garlic
- ½ roughly chopped celeriac
- ½ roughly chopped leek
- 4 roughly chopped carrots
- 125 ml (⁵/8 cup) of strong red wine
- 1 tsp of thyme
- 2 bay leaves
- 4–5 juniper berries crushed in a mortar
- 200 ml (1 cup) of hot water (for wetting)

Massaggiare i pezzi di carne con il sale e il pepe.

In una pentola bassa scaldare l'olio e il burro e rosolare la carne da tutti i lati.

Aggiungere la cipolla tritata, lo spicchio di aglio, il sedano rapa, il porro e le carote e rosolare anch'essi insieme alla carne. Mescolare il tutto e bagnare con il vino rosso. Quando questo è evaporato girare la carne, bagnare con l'acqua e aggiungere il timo, l'alloro e il ginepro.

Infornare a 120 °C e far cuocere per 45 minuti circa. Di tanto in tanto girare la carne e se necessario bagnarla con dell'acqua calda.

Servire la carne con la propria salsa.

Suggerimento
Come contorno sono consigliati degli Spätzle all'uovo.

Rub the pieces of meat with salt and pepper.

In a low pan heat the oil and butter and brown the meat on all sides.

Add the chopped onion, garlic, celeriac, leek, and carrots. Sauté together with the meat. Mix everything together and add the red wine. When it has evaporated, turn the meat, moisten with water and add the thyme, bay leaf and juniper.

Bake at 120 °C (250 °F) for 45 minutes. Occasionally turn the meat and if necessary moisten with warm water.

Serve the meat in its juices.

Tips
Egg spaetzle is a good side dish.

Vino Wine:
Pfarrhof Cabernet Sauvignon Riserva (v. pag. 271).

Arrosto di maiale
Pork roast

Ingredienti per 4 persone
- 800 g di coppa di maiale
- sale
- pepe
- 1 cucchiaino di cumino tritato finemente
- 1 cucchiaino di maggiorana
- ½ rametto di rosmarino
- 1 spicchio di aglio tritato finemente
- 2 cucchiai di olio (per rosolare)
- 1 carota di media grandezza, 1 cipolla grande e 50 g di gambo di sedano tagliati grossolanamente
- 1 cucchiaio di concentrato di pomodoro
- 80 ml di vino bianco
- 500 ml di acqua o brodo di carne
- fecola (se necessaria)

Serves 4
- 800 g (28 oz) of pork coppa
- salt
- pepper
- 1 tbsp of finely chopped cumin
- 1 tsp of marjoram
- ½ sprig of rosemary
- 1 finely chopped clove of garlic
- 2 tbsps oil (to sauté)
- 1 carrot medium carrot, 1 large onion, 50 g (2 oz) celery stalk roughly chopped
- 1 tsp tomato paste
- 80 ml (½ cup) of white wine
- 500 ml (2½ cups) of water or meat stock
- starch (if needed)

Salare e pepare la carne, massaggiarla con le spezie (cumino, maggiorana, rosmarino e aglio).

Scaldare l'olio in padella e rosolare la carne da tutti i lati.

Infornare a 180 °C per 30 minuti circa.

Aggiungere le verdure (carota, cipolla e gambo di sedano) e il concentrato di pomodoro, bagnare con il vino bianco e versarvi l'acqua o il brodo di carne. Cuocere per altri 30-40 minuti.

Ultimata la cottura togliere la carne, passare la salsa a un setaccio e farla ridurre un po' (eventualmente legarla con della fecola).

Tagliare la carne a fette e servirla con la propria salsa.

Add salt and pepper to the meat, rub in the herbs (cumin, marjoram, rosemary and garlic).

Heat the oil in a skillet and brown the meat on all sides.

Bake at 180 °C (355 °F) for 30 minutes.

Add the vegetables (carrot, onion and celery) and the tomato paste; add the white wine and pour in the water or meat stock. Cook for another 30–40 minutes.

When done remove the meat, strain the sauce and reduce a little (if necessary, thicken with potato starch).

Slice the meat and serve in its sauce.

Vino Wine:
Campaner Cabernet Sauvignon Riserva (v. pag. 270).

Arrosto di vitello

Veal roast

■ ■ ▢

Ingredienti per 4 persone
- 1 cucchiaio di olio (per rosolare)
- 800 g di spalla di vitello
- sale
- pepe
- 1 carota tagliata grossolanamente
- 1 cipolla tagliata grossolanamente
- 2 gambi di sedano tagliati grossolanamente
- 2 rametti di rosmarino
- 3-4 foglie di salvia
- 100 ml di vino bianco
- 1 l di brodo di carne o acqua con dado
- 50 ml di vino rosso
- fecola (se necessaria)

Serves 4
- 1 tbsp oil (to sauté)
- 800 g (28 oz) veal shoulder
- salt
- pepper
- 1 roughly chopped carrot
- 1 roughly chopped onion
- 2 roughly chopped celery stalks
- 2 sprigs of rosemary
- 3–4 sage leaves
- 100 ml (½ cup) of white wine
- 1 l (5 cups) of stock or stock cube dissolved in water
- 50 ml (¼ cup) of strong red wine
- starch (if needed)

In una padella scaldare l'olio e rosolare la carne da tutti i lati. Salare e pepare.

Metterla in una placca da forno e infornarla a 165 °C.

Dopo 30 minuti circa aggiungere le verdure, 1 rametto di rosmarino e 2 foglie di salvia. Bagnare ripetutamente con il vino bianco e il brodo.

Far cuocere ancora per 40 minuti circa girando ogni tanto la carne.

Togliere la carne dal forno e mantenerla al caldo.

Bagnare la salsa con il vino rosso, aggiungere i restanti rosmarino e salvia, far ridurre e filtrare. Eventualmente legare con della fecola diluita in acqua.

Affettare l'arrosto dello spessore di 1 cm circa, adagiarlo sui piatti da portata e coprirlo di salsa.

Heat the oil in a skillet and brown the meat on all sides, adding salt and pepper.

Place on a baking tray and bake at 165 °C (330 °F).

After 30 minutes, add the vegetables, a sprig of rosemary and 2 sage leaves. Moisten often with the white wine and stock.

Cook for a further 40 minutes, turning the meat from time to time.

Remove from the oven and keep warm.

Moisten the sauce with the red wine, add the rest of the rosemary and sage; reduce and strain. If necessary, thicken with starch diluted in water.

Slice the roast to a thickness of 1 cm (⅓ in), arrange on serving dishes and drizzle with sauce.

Vino Wine:
Spigel Lagrein (v. pag. 270).

Uova all'occhio di bue con speck e patate arrostite

Fried egg with speck and roast potatoes

■ ☐ ☐

Ingredienti per 4 persone
- 12 patate di media grandezza cotte con la pelle
- olio (per arrostire)
- sale
- 100 g di burro (per abbrustolire)
- 12 fette di speck
- 8 uova

Serves 4
- 12 medium-sized potatoes cooked in their skins
- oil (for roasting)
- salt
- 100 g (4 oz) of butter (to toast)
- 12 slices of speck
- 8 eggs

Sbucciare le patate e tagliarle a fettine.

In una padella scaldare l'olio e arrostire le patate da entrambi i lati. Salarle.

In un'altra padella scaldare 25 g di burro e abbrustolire 3 fette di speck. Versarvi 2 uova, salarle e farle cuocere brevemente.

Adagiare le patate arrostite su un piatto e metterci sopra lo speck con le uova all'occhio di bue.

Ripetere l'operazione con le restanti fette di speck e uova.

Peel and slice the potatoes.

Heat the oil in a skillet and fry the potatoes on both sides. Season with salt.

In another skillet heat 25 g (1 oz) of butter and fry 3 slices of speck. Pour in 2 eggs, add salt and cook briefly.

Place the cooked potatoes on a plate and cover with the speck and fried eggs.

Repeat with the remaining slices of speck and eggs.

Vino Wine:
Castel Giovanelli Chardonnay *(v. pag. 272).*

Arrosto di capriolo

Venison roast

■ ■ ■

Ingredienti per 4 persone
- 800 g di spalla, noce o sella di capriolo
- sale, pepe
- olio (per rosolare)
- 1 cipolla grande tritata
- 1 goccio di vino rosso
- 1 carota e 1 gambo di sedano tagliati grossolanamente
- 3 bacche di ginepro
- 1 foglia d'alloro
- 1 crosta di pane nero
- 1 cotenna di speck
Per la salsa:
- 1 cucchiaio di farina
- 125 ml di acqua tiepida
- 2 cucchiai di panna
- 1 cucchiaino di senape
- 2-3 gocce di succo di limone

Serves 4
- 800 g (28 oz) of shoulder, knuckle or saddle of venison
- salt, pepper
- oil (to sauté)
- 1 large chopped onion
- a drop of red wine
- 1 carrot, 1 celery stalk roughly chopped
- 3 juniper berries
- 1 bay leaf
- 1 rye bread crust
- 1 speck rind
For the sauce:
- 1 tbsp of flour
- 125 ml (5/8 cup) of warm water
- 2 tsps of cream
- 1 tsp of mustard
- 2–3 drops of lemon juice

Preparazione del piatto
Salare e pepare la carne.

Scaldare l'olio in una padella e rosolare la carne da tutti i lati. Aggiungere la cipolla tritata e bagnare con il vino rosso. Unire la verdura, le spezie, la crosta di pane e la cotenna.

Infornare a 180 °C e far cuocere per 1-1½ ora.

Togliere la carne dal forno e avvolgerla con della carta alluminio. Lasciare riposare per 10 minuti.

Eliminare la cotenna e la foglia d'alloro e passare la salsa con un passaverdure.

Mescolare la farina e l'acqua tiepida, aggiungere la panna, la senape e le gocce di succo di limone e unire il tutto alla salsa. Far sobbollire brevemente.

Presentazione del piatto
Tagliare la carne a fettine, cospargerla di salsa e servirla con del cavolo rosso (v. ricetta a pag. 170) e gli Spätzle alle uova (v. ricetta a pag. 166).

Preparation
Add salt and pepper to the meat.

Heat the oil in a skillet and brown the meat on all sides. Add the chopped onion and moisten with the red wine. Add the vegetables, spices, bread crust and rind.

Bake at 180 °F (355 °C) for 1–1½ hours.

Remove the meat from the oven and wrap in tin foil; leave to rest for 10 minutes.

Remove the rind and the bay leaf; strain the sauce.

Mix flour and warm water, add the cream, mustard and lemon juice, then add to the sauce. Simmer briefly.

To serve
Cut the meat into thin slices, sprinkle with the sauce and serve with red cabbage (see recipe on page 170) and egg spaètzle (see recipe on page 166).

Vino Wine:
Pfarrhof Pinot Nero Riserva (v. pag. 271).

frische Blätter ... ... guter
Heinoch (- Wildspinat)

Zwiebel gehackt
Knoblauchzehe
etwas Muskatnuss
Salz, Pfeffer

Spinat ... in heißem Wasser blanchieren
... mit eiskaltem Wasser
... lasst ausdrücken und
hacken. ... Pfeffer, Muskatnuss
... Pfanne 50 g Butter schmelzen,
... Zwiebel und Knoblauch ...
den Spinat dazugeben. ... mengen
als Pfeffer ... Muskatnuss abschmecken
... ...
... Zwischen Rolle die Eier ...

Pfeffer + das Mehl dazugeben
... Esslöffel ... ... Teelöffel ...
... Salz g!
... Spinat untermengen ...

Contorni

Side dishes

Formaggio grigio della Val d'Isarco con cipolle

Val d'Isarco graukèse with onions

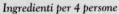

Ingredienti per 4 persone
- 500 g di formaggio grigio
- 2 cipolle
- aceto di vino bianco
- olio

Serves 4
- 500 g (18 oz) of graukèse
- 2 onions
- white wine vinegar
- oil

Tagliare il formaggio grigio in fette dello spessore di 1 cm circa.

Tagliare le cipolle in anelli e posarle sopra il formaggio.

Servire con aceto di vino bianco e olio. Eventualmente salare e pepare.

Cut the graukèse into slices of about 1 cm (⅓ in).

Cut the onions into rings and arrange them on top of the cheese.

Serve with white wine vinegar and oil. Add salt and pepper to taste.

Spätzle alle uova

Egg spaetzle

Ingredienti per 4 persone
- 350 g di farina
- 3 uova
- 100 ml di acqua
- 1 pizzico di sale
- burro fuso

Serves 4
- 350 g (1¾ cups) of flour
- 3 eggs
- 100 ml (½ cup) of water
- a pinch of salt
- melted butter

Con un mestolo mescolare farina, uova, acqua e un pizzico di sale fino a ottenere una pastella piuttosto densa. Lasciare riposare per 30 minuti.

Grattugiare la pastella con l'apposita grattugia in una pentola d'acqua salata bollente. Cuocere brevemente, scolare e cospargere con burro fuso.

Mix the flour, eggs, water, and a pinch of salt to make quite a thick dough. Leave to rest for 30 minutes.

Fill a saucepan with water, add salt and bring to the boil. Use a special grater to grate in the dough. Cook briefly. Drain and sprinkle the spaetzle with melted butter to ensure they don't stick.

Polenta
Polenta

■ ☐ ☐

Ingredienti per 4 persone
- *1 l di acqua*
- *500 g di farina gialla di granoturco*
- *sale*
- *2 cucchiai di burro*

Serves 4
1 l (5 cups) of water
- *500 g (3⅓ cups) of yellow corn flour*
- *salt*
- *2 tbsp of butter*

In una pentola far bollire l'acqua e versarvi a pioggia la polenta poco per volta.

Salare a piacimento e aggiungere il burro.

Far sobbollire per 40 minuti circa e rimestare di tanto in tanto con un mestolo di legno.

Bring a saucepan of water to the boil and sprinkle in the polenta flour a little at a time.

Add salt to taste and then the butter.

Simmer for 40 minutes and stir occasionally with a wooden spoon.

Patate arrosto
Roast potatoes

■ ☐ ☐

Ingredienti per 4 persone
- *16 patate piccole*
- *olio*
- *sale*

Serves 4
- *16 small potatoes*
- *oil*
- *salt*

Bollire le patate con la pelle per 15 minuti. Sbucciarle.

Disporle in una teglia con dell'olio, salarle e farle cuocere in forno finché diventino dorate.

Boil the potatoes in their skins for 15 minutes.

Peel then arrange on a baking sheet with oil, season with salt and bake until golden brown.

Cavolo rosso

Red cabbage

Ingredienti per 4 persone
- **500 g di cavolo rosso**
- **½ cipolla tritata finemente**
- **10 g di pancetta tagliata a dadini**
- **olio (per rosolare)**
- **1 goccia di vino rosso**
- **sale**
- **pepe**
- **½ mela grattugiata**

Serves 4
- 500 g (18 oz) of red cabbage
- ½ finely chopped onion
- 10 g (½ oz) of diced pancetta
- oil (to sauté)
- a drop of red wine
- salt
- pepper
- ½ grated apple

Dividere il cavolo rosso in 4 pezzi ed eliminare il torsolo. Tagliarlo a striscioline.

Rosolare la cipolla e la pancetta nell'olio e poi unire il cavolo.

Bagnare con il vino rosso e aggiustare di sale e pepe.

Aggiungere la mela grattugiata.

Lasciare stufare per 20 minuti circa (se necessario aggiungere un po' d'acqua).

Divide the red cabbage into 4 pieces and discard the stalk. Cut it into strips.

Fry the onion and pancetta in the oil, then add the cabbage.

Moisten with red wine and add salt and pepper to taste.

Add the grated apple and braise for 20 minutes (if necessary add a little water).

Porcini impanati

Breaded porcini

● ☐ ☐

Ingredienti per 4 persone
- *8 porcini medi*
- *100 g di farina*
- *4 uova*
- *sale*
- *pepe*
- *200 g di pangrattato*
- *olio o grasso (per friggere)*

- *Serves 4*
- *8 medium porcini*
- *100 g (⅔ cup) of flour*
- *4 eggs*
- *salt*
- *pepper*
- *200 g (7 oz) of breadcrumbs*
- *oil or fat for frying*

Pulire i funghi e affettarli dello spessore di 1 cm circa cercando di mantenere la loro forma (gambo e testa dovrebbero rimanere attaccati).

Clean the mushrooms and cut into slices of 1 cm (⅓ in), trying to maintain their shape (stem and cap should remain attached).

Passarli nella farina.

Dredge in flour.

Sbattere le uova, salare e pepare e passare i funghi nelle uova sbattute.

Beat the eggs, add salt and pepper, and coat the mushrooms in the beaten eggs.

Passare i funghi delicatamente nel pangrattato.

Dredge the mushrooms gently in the breadcrumbs.

Scaldare l'olio a 180 °C e friggere i porcini per 3 minuti circa finché diventino dorati.

Heat the oil to 180 °C (355 °F) and fry the mushrooms for 3 minutes until they become golden brown.

Sgocciolarli su carta assorbente. Adagiarli sui piatti da portata e servirli.

Drain on kitchen paper. Arrange on plates and serve.

Vino Wine:
Castel Giovanelli Sauvignon *(v. pag. 272).*

Feies da soni (Sfoglie di patate)
Potato fritters

■ ■ ▢

Ingredienti per 4 persone
- 160 g di farina
- 500 g di patate cotte e passate
- 3 tuorli d'uovo
- sale
- pepe
- noce moscata
- grasso (per friggere)

Per la composizione finale:
- crauti
- marmellata di mirtilli rossi

Serves 4
- 160 g (1 cup) of flour
- 500 g (18 oz) of puréed potatoes
- 3 egg yolks
- salt
- pepper
- nutmeg
- oil for frying

To serve:
- sauerkraut
- cranberry jam

Versare la farina su una spianatoia, aggiungere le patate, i tuorli d'uovo, un pizzico di sale, pepe e noce moscata. Impastare rapidamente.

Con un matterello stendere la pasta dello spessore di circa 5 mm.

Con degli stampi a cuore o a fiore ricavare più forme.

Scaldare il grasso per friggere a 190 °C circa.

Friggere le sfoglie di patate da entrambi i lati per circa 2 minuti.

Scolarle su carta assorbente. Servirle ben calde accompagnate con crauti e marmellata di mirtilli rossi.

Pour the flour onto a work surface, add the potatoes, egg yolks, a pinch of salt, pepper, and nutmeg.

Knead rapidly then, with a rolling pin, roll out the dough to a thickness of 5 cm (½ in).

Use heart or flower cutters to make various shapes.

Heat the fat for frying to about 190 °C (375 °F).

Fry the potato fritters on both sides for about 2 minutes.

Drain on kitchen paper. Serve piping hot with sauerkraut and cranberry jam.

176 Crauti
Sauerkraut

■ ☐ ☐

Ingredienti per 4 persone
- **500 g di crauti precotti**
- **sale**
- **cumino**
- **1 cucchiaio di burro**
- **½ cipolla tritata finemente**
- **1 cucchiaio di farina**
- **1 spicchio di aglio tritato finemente**

Serves 4
- *500 g (18 oz) cooked sauerkraut*
- *salt*
- *cumin*
- *1 tbsp of butter*
- *½ finely chopped onion*
- *1 tbsp of flour*
- *1 finely chopped clove of garlic*

Mettere i crauti in una pentola. Versare dell'acqua fino a 1 cm sopra la quantità dei crauti.

Aggiungere il sale e il cumino. Lasciare stufare per 30 minuti, quindi togliere l'acqua.

Scaldare il burro in una padella. Rosolare la cipolla tritata e la farina nel burro.

Unire la cipolla e l'aglio tritato finemente ai crauti e mescolare con cura.

Put sauerkraut in a saucepan. Cover with water up to 1 cm (⅓ in) above the sauerkraut.

Add the salt and cumin. Simmer for 30 minutes, then drain off the water.

Heat the butter in a skillet. Fry the chopped onion and flour in butter.

Add the onion and finely chopped garlic to the sauerkraut and mix carefully.

FORMAGGIO FRESCO FATTO IN CASA
HAUS-GEMACHTES MOCKE GETRÀNK
LATELLA FATTO IN CASA

SPINATRAHMNOCKEN

Dolci tirolesi, Krapfen e altro

Tyrolean patisserie, krapfen and more

**Dolci tirolesi,
Krapfen e altro**
*Tyrolean patisserie,
krapfen and more*

Canederli di ricotta con fragole

Ricotta canederli with strawberries

Ingredienti per 4 persone
Per la pasta:
- 250 g di ricotta
- 2 tuorli d'uovo
- 1 bustina di zucchero vanigliato
- 50 g di zucchero, sale
- 2 cucchiai di farina
- 4 cucchiai di pangrattato
- scorza di limone grattugiata
Per la composizione finale:
- 30 g di pangrattato
- 30 g di burro
- 50 g di zucchero
- 1 cucchiaino di cannella
Per la salsa di fragole:
- 200 g di fragole fresche
- 4 cucchiai di zucchero
Per il ripieno:
- 12 fragole

Serves 4
For the canederli:
- 250 g (9 oz) of ricotta
- 2 egg yolks
- 1 sachet of vanilla sugar
- 50 g (¼ cup) sugar, salt
- 2 tbsps of flour
- 4 tbsps of breadcrumbs
- 1 pinch of grated lemon zest
To serve:
- 30 g (1 oz) of breadcrumbs
- 30 g (1 oz) of butter
- 50 g (¼ cup) sugar
- 1 tsp of cinnamon
For the strawberry sauce:
- 200 g (7 oz) of fresh strawberries
- 4 tbsps of sugar
For the filling:
- 12 strawberries

Preparazione della pasta
Mescolare con cura la ricotta, i tuorli d'uovo, lo zucchero vanigliato, lo zucchero, la farina, il pangrattato, una presa di scorza di limone e il sale. Lasciare riposare per 40 minuti in frigorifero.

Nel frattempo far rosolare il pangrattato nel burro. Farlo raffreddare, aggiungere lo zucchero e la cannella e mescolare.

Preparazione della salsa di fragole
Frullare le fragole con lo zucchero.

Preparazione del piatto
Avvolgere ogni fragola con la pasta di ricotta formando un canederlo.

Far bollire dell'acqua salata e far cuocere i canederli per 7 minuti circa.

Farli sgocciolare e avvoltolarli nel pangrattato alla cannella preparato in precedenza.

Mettere della salsa sui piatti da portata, adagiarvi i canederli e servire.

How to make the canederli
Carefully mix the ricotta, egg yolks, vanilla sugar, sugar, flour, breadcrumbs, lemon zest, and salt. Leave to rest for 40 minutes in the refrigerator.

Meanwhile, sauté the breadcrumbs in the butter. Leave to cool, add sugar and cinnamon, and stir.

How to make strawberry sauce
Blend the strawberries with the sugar.

Preparation
Wrap each strawberry in the ricotta dough to form canederli.

Bring salted water to the boil in a saucepan and cook the canederli for about 7 minutes.

Drain and dredge in the breadcrumb and cinnamon mix prepared in advance.

Pour the sauce on serving plates, arrange the canederli and serve.

Vino Wine:
Moscato Giallo (*v. pag. 264*).

189

Dolci tirolesi,
Krapfen e altro
Tyrolean patisserie,
krapfen and more

Torta di grano saraceno
Buckwheat cake

▮ ▮ ▯

Ingredienti per una torta
di 28 cm di diametro
- *250 g di burro*
- *250 g di zucchero*
- *6 tuorli d'uovo*
- *250 g di mandorle grattugiate*
- *250 g di farina di grano saraceno*
- *1 bustina di lievito in polvere*
- *1 bustina di zucchero vanigliato*
- *6 albumi d'uovo*
- *1 cucchiaio di zucchero*
- *burro (per ungere la teglia)*
Per la composizione finale:
- *marmellata di mirtilli rossi*
- *panna montata (a piacere)*

Ingredients for a cake of 28 cm
(11 in) in diameter
- *250 g (9 oz) of butter*
- *250 g (1¼ cups) sugar*
- *6 egg yolks*
- *250 g (1½ cups) of grated*
almonds
- *250 g (1⅔ cups) of buckwheat*
flour
- *1 sachet of baking powder*
- *1 sachet of vanilla sugar*
- *6 egg whites*
- *1 tbsp of sugar*
- *butter (for greasing the tin)*
To serve:
- *cranberry jam*
- *whipped cream (to taste)*

Preparazione della torta
Con l'aiuto di una frusta o un frullino
mescolare il burro con 150 g di zucchero
e aggiungere a poco a poco i tuorli.

Separatamente mescolare con cura lo
zucchero rimasto, le mandorle, la farina
di grano saraceno, il lievito in polvere e
lo zucchero vanigliato. Aggiungere alla
massa e mescolare delicatamente.

In un'altra bacinella montare gli albumi
d'uovo con lo zucchero a neve
e successivamente amalgamare
delicatamente all'impasto dei tuorli.

Ungere una teglia rotonda apribile per
torte con del burro e versarvi la massa.
Infornare a 180 °C per 45 minuti circa.

Togliere la torta dal forno e lasciarla
raffreddare. Aprire la teglia e far
scivolare la torta su un vassoio.

Presentazione della torta
Spalmare della marmellata di mirtilli
rossi sulla superficie della torta. In
alternativa tagliarla a metà, spalmare
la marmellata sulla superficie del primo
disco e ricoprirlo con il secondo.

A piacere, servire con panna montata.

How to make the cake
With the help of a whisk or a mixer,
blend the butter with 150 g (3 cups)
of sugar and gradually add the egg yolks.

Separately, mix with care the sugar,
almonds, buckwheat flour, baking
powder, and vanilla sugar. Add to
the mass and mix gently.

In another bowl beat the egg whites with
sugar until stiff and then gently fold in to
the mixture of yolks.

Grease a spring-form cake tin with butter
and pour in the mixture. Bake at 180 °C
(355 °F) for 45 minutes or so.

Remove the cake from the oven and
allow to cool. Open the tin and slide
the cake onto a platter.

To serve
Spread the top of the cake with cranberry
jam. Alternatively, cut in half and
spread the jam on top of the bottom
half and replace the top half.

Serve the cake with whipped cream
if preferred.

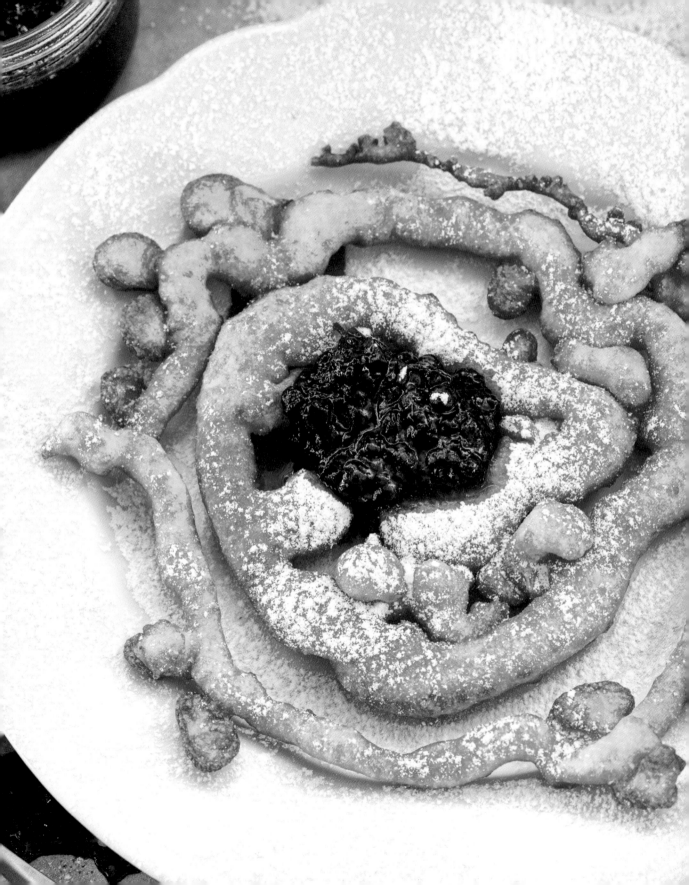

192

**Dolci tirolesi,
Krapfen e altro**
Tyrolean patisserie,
krapfen and more

Furtaies (Frittelle tirolesi)
Tyrolean fritters

■ ☐ ☐

Ingredienti per 4 persone
- 350 g di farina
- 2 bustine di zucchero vanigliato
- 1 bustina di lievito in polvere
- sale
- 500 ml di latte caldo
- 3 tuorli d'uovo
- 3 albumi d'uovo
- grasso o olio (per friggere)

Per la composizione finale:
- zucchero a velo
- marmellata di mirtilli rossi

Serves 4
- 350 g (2⅓ cups) of flour
- 2 sachets of vanilla sugar
- 1 sachet of baking powder
- salt
- 500 ml (2 cups) of warm milk
- 3 egg yolks
- 3 egg whites
- fat or oil (for frying)

To serve:
- icing sugar
- cranberry jam

Preparazione del piatto
Versare la farina, lo zucchero vanigliato, il lievito in polvere e il sale in una bacinella. Aggiungere il latte caldo e amalgamare con cura il tutto. Incorporare i tuorli d'uovo.

Montare gli albumi d'uovo a neve e unirli alla massa rimestando delicatamente.

In una padella larga scaldare il grasso per friggere a 180 °C.

Versare la pastella in padella tramite un imbuto disegnando dei cerchi (dal centro verso l'esterno).

Friggere le furtaies da entrambi i lati.

Estrarle e farle sgocciolare su carta assorbente.

Presentazione del piatto
Adagiarli sul piatto, cospargerli con zucchero a velo e accompagnare con un cucchiaio di marmellata di mirtilli rossi.

Preparation
Pour the flour, vanilla sugar, baking powder, and salt into a bowl. Add the hot milk and mix thoroughly. Fold in the egg yolks.

Beat the egg whites until stiff and fold gently into the mixture.

In a wide skillet heat the fat for frying to about 180 °C (375 °F).

Pour the batter into the pan through a funnel, drawing circles (from the center outwards).

Fry the furtaies on both sides.

Remove and drain on kitchen paper.

To serve
Arrange on a platter, sprinkle with icing sugar, and serve with a spoonful of cranberry jam.

Vino Wine:
Moscato Giallo (v. pag. 264).

194

**Dolci tirolesi,
Krapfen e altro**
Tyrolean patisserie,
krapfen and more

Puncerli (Krapfen ripieni di marmellata)
Krapfen with jam filling

🍫 🍫 ⬜

Ingredienti per 30 pezzi circa
- 500 g di farina
- 3 uova
- 100 g di burro fuso
- 50 ml di latte
- 1 cucchiaio di zucchero
- 1 pizzico di sale
- marmellata di albicocche
(per il ripieno)
- grasso (per friggere)
Per la composizione finale:
- zucchero a velo

Ingredients for about 30 krapfen
- 500 g (3⅓ cups) of flour
- 3 eggs
- 100 g (4 oz) of butter
- 50 ml (3½ tbsps) of milk
- 1 tbsp of sugar
- a pinch of salt
- apricot jam (for the filling)
- oil for frying
To serve:
- icing sugar

Preparazione del piatto
In un contenitore amalgamare la farina, le uova, il burro fuso, il latte, lo zucchero e un pizzico di sale. Mescolare energicamente fino a che la pasta risulti omogenea e liscia.

Coprire la pasta con un panno e lasciare riposare per 30 minuti.

Stendere la pasta molto sottile (circa 2 mm). Suddividerla in sfoglie di uguale grandezza (circa 30 x 20 cm).

Con l'aiuto di un cucchiaio fare dei mucchi di marmellata a uguale distanza su una sfoglia.

Con un pennello inumidire i bordi attorno alla marmellata con dell'acqua e successivamente coprire con un'altra sfoglia.

Premere la pasta attorno alla marmellata e con un coltello o meglio con una rotella tagliapasta ricavare dei fagottini.

Scaldare il grasso a 190 °C e friggere i puncerli dorandoli da entrambi i lati.

Presentazione del piatto
Scolarli su carta assorbente e servirli cosparsi con zucchero a velo.

Preparation
In a bowl mix the flour, eggs, melted butter, milk, sugar, and a pinch of salt. Stir vigorously until the dough is consistent and smooth.

Cover the dough with a cloth and allow to stand for 30 minutes.

Roll the dough out very thinly (about 2 mm). Cut into sheets of the same size (about 30x20 cm or 12x8 in).

Spoon heaps of jam at equal distances across a sheet.

Use a brush to moisten the edges around the jam with water and then cover with another sheet.

Press the dough around the jam and with a knife or pastry wheel cut into parcels.

Heat the fat to about 190 °C (375 °F) and fry the puncerli until golden on both sides.

To serve
Drain on kitchen paper and serve sprinkled with icing sugar.

Vino Wine:
Serenade Passito (v. pag. 272).

197

Dolci tirolesi,
Krapfen e altro
Tyrolean patisserie,
krapfen and more

Crafun
Crafun

■ ■ ■

Ingredienti per 4 persone
Per la pastella:
- 30 g di lievito
- 70 ml di latte caldo
- 2 uova
- sale
- 1 cucchiaino di olio di semi
- 300 g di farina
- 1 cucchiaino di grappa
- grasso (per friggere)
Per la composizione finale:
- marmellata di mirtilli rossi
- zucchero a velo

Serves 4
For the batter:
- 30 g (1 oz) of yeast
- 70 ml (5 tbsps) of warm milk
- 2 eggs
- salt
- 1 tsp of vegetable oil
- 300 g (2 cups) of flour
- 1 tsp of grappa
- oil for frying
To serve:
- cranberry jam
- icing sugar

In un pentolino scaldare brevemente il latte. Versare il latte in una bacinella, sciogliervi il lievito e mescolare.

Sempre mescolando aggiungere le uova, il sale, l'olio di semi, la farina e il cucchiaino di grappa.

Amalgamare con cura il tutto e lasciare riposare per 2 ore circa affinché lieviti bene.

Fare delle forme con uno stampino tondo aperto del diametro di circa 7 cm e lasciare lievitare anch'esse.

Scaldare il grasso per friggere a circa 190 °C.

Prendere le forme e tirarle con le mani facendole assottigliare al centro mentre sui bordi lo spessore deve essere maggiore, mantenendo la forma circolare.

Friggere i crafun per 2 minuti circa da entrambi i lati. Farli sgocciolare su carta assorbente.

Servirli farciti con la marmellata di mirtilli rossi e una spolverata di zucchero a velo.

Heat the milk quickly in a pan. Pour the milk in a bowl, dissolve the yeast and stir.

Stirring constantly, add the eggs, salt, vegetable oil, flour, and grappa.

Carefully mix all the ingredients and leave for 2 hours to rise well.

Make shapes with a round cookie-cutter of about 7 cm (2½ in) in diameter and leave to rise also.

Heat the fat for frying to about 190 °C (375 °F).

Take shapes and pull so they are thinner in the center and thicker at the edges.

Fry the crafun for 2 minutes on both sides. Drain on kitchen paper.

Serve filled with cranberry jam and dusted with icing sugar.

Vino Wine:
Moscato Giallo (v. pag. 264).

198

Dolci tirolesi,
Krapfen e altro
Tyrolean patisserie,
krapfen and more

Frittelle di mele
Apple fritters

■ ■ ⬜

Ingredienti per 12 pezzi ca.
- 2 mele
- 1 limone
Per la pastella:
- 130 g di farina
- 130 ml di latte
- 2 tuorli d'uovo
- ½ busta di zucchero vanigliato
- 1 cucchiaio di olio di semi
- 2 albumi d'uovo
- 1 pizzico di sale
- 1 cucchiaio di zucchero
- grasso (per friggere)
Per la composizione finale:
- 3 cucchiai di zucchero
- 1 cucchiaio di cannella

Ingredients for about 12 fritters
- 2 apples
- 1 lemon
For the batter:
- 130 g (1 cup) of flour
- 130 ml (½ cup) of milk
- 2 egg yolks
- ½ sachet of vanilla sugar
- 1 tbsp of vegetable oil
- 2 egg whites
- a pinch of salt
- 1 tbsp of sugar
- fat for frying
To serve:
- 3 tbsps of sugar
- 1 tbsp of cinnamon

Sbucciare le mele, eliminare il torsolo e affettarle a dischi di uno spessore di 1 cm circa. Bagnarle con il succo del limone.

Preparazione della pastella
Versare la farina in una ciotola, aggiungere il latte e mescolare con cura fino a ottenere una pastella omogenea e liscia.

Unire i tuorli d'uovo, lo zucchero vanigliato e l'olio e mescolare bene.

Montare in un altro contenitore gli albumi d'uovo con il sale e lo zucchero. Incorporarli alla pastella rimestando delicatamente.

Preparazione del piatto
Scaldare il grasso per friggere a 180 °C.

Passare le mele nella pastella e friggerle da entrambi i lati. Farle sgocciolare su carta assorbente.

Mescolare lo zucchero e la cannella e voltolarvi le frittelle. Servirle calde.

Peel apples, remove core and slice into thick disks of 1 cm (¹/₃ in) approx. Moisten with lemon juice.

How to make the batter
Pour the flour into a bowl, add the milk and stir carefully to make a consistent, smooth batter.

Combine the egg yolks, vanilla sugar and oil, and mix well.

In another container beat the egg whites until stiff with the salt and sugar. Fold into the batter.

Preparation
Heat the fat for frying to about 180 °C (375 °F).

Dip the apples in the batter and fry on both sides. Drain on kitchen paper.

Mix the sugar and cinnamon, and dredge over the fritters. Serve hot.

Vino Wine:
Moscato Giallo *(v. pag. 264).*

202

Dolci tirolesi,
Krapfen e altro
Tyrolean patisserie,
krapfen and more

Frittata di grano saraceno
Buckwheat crêpes

■ ⬚ ⬚

Ingredienti per 4 persone
- 300 g di farina di grano saraceno
- 500 ml di latte
- sale
- 3 tuorli d'uovo
- 3 albumi d'uovo
- burro
Per la composizione finale:
- marmellata di mirtilli neri o rossi

Serves 4
- 300 g (2 cups) of buckwheat flour
- 500 ml (2 cups) of milk
- salt
- 3 egg yolks
- 3 egg whites
- butter
To serve:
- cranberry or blueberry jam

Preparazione del piatto

Immergere la farina di grano saraceno nel latte e mescolare. Lasciare riposare per 30 minuti per farla gonfiare.

Aggiungere il sale e i tuorli d'uovo.

Montare gli albumi d'uovo a neve e unirli alla massa.

Riscaldare del burro in una padella. Versarvi una piccola quantità di pastella, formando una frittata dello spessore di 5 mm. Far cuocere da entrambi i lati e successivamente spezzare la frittata con 2 forchette.

Presentazione del piatto

Servire con della marmellata di mirtilli neri o rossi.

Suggerimento

In alternativa servire con della composta di ciliegie, albicocche o mele.

Preparation

Pour the buckwheat flour into the milk and stir. Leave to rest for 30 minutes so it swells.

Add salt and egg yolks.

Beat the egg whites until stiff and fold into the mixture.

Heat the butter in a skillet. Pour in a small amount of batter, forming a crêpe about 5 mm (¼ in) thick. Cook on both sides and then break up the crêpe with 2 forks.

To serve

Serve with cranberry or blueberry jam.

Tips

The crêpe can also be served with cherry, apricot or apple preserve.

Vino Wine:
Moscato Giallo (v. pag. 264).

203

Dolci tirolesi,
Krapfen e altro
Tyrolean patisserie,
krapfen and more

Dolce di pasta lievitata
Gugelhupf

Ingredienti per 1 Gugelhupf
di 24 cm di diametro
- 500 g di farina
- 25 g di lievito
- 250 ml di latte tiepido
- 80 g di zucchero
- 3 tuorli d'uovo
- 80 ml di olio
- 10 g di sale
- 1 busta di zucchero vanigliato
- 1 cucchiaio di rum
- 1 presa di scorza di limone
grattugiata
- 80 g di uva sultanina
- burro (per ungere lo stampo)
Per la composizione finale:
- zucchero a velo

Ingredients for 1 Gugelhupf
of 24 cm (10 in) in diameter
- 500 g (3⅓ cups) of flour
- 25 g (1 oz) of yeast
- 250 ml (1 cup) of warm milk
- 80 g (⅔ cup) sugar
- 3 egg yolks
- 80 ml (½ cup) of oil
- 10 g (½ oz) of salt
- 1 sachet of vanilla sugar
- 1 tbsp of rum
- 1 pinch of grated lemon zest
- 80 g (3 oz) of sultanas
- butter (to grease the mold)
To serve:
- icing sugar

Versare la farina in una ciotola
e formare una cavità in mezzo.

Sciogliere il lievito in un po' di latte
tiepido (circa 50 ml), versarlo insieme
a 10 g di zucchero al centro della
fontana e mescolare con poca farina
finché diventi una pappa. Lasciare
riposare per 15 minuti.

Aggiungere gli altri ingredienti (anche
il latte e lo zucchero rimasti), mescolare
con cura e impastare con la macchina
impastatrice o con un mestolo di legno
fino a che non si formeranno delle bolle
o fino a che l'impasto non si staccherà
dalle pareti della ciotola e avrà una
superficie liscia.

Spolverarlo di farina e lasciarlo lievitare
coperto in un luogo caldo finché
il suo volume sia raddoppiato.

Ungere uno stampo per Gugelhupf
(coi bordi alti e forato al centro) con
del burro, metterci l'impasto e lasciarlo
riposare ancora per 15-20 minuti.

Infornare a 160 °C per 45 minuti circa.

Toglierlo dal forno, estrarlo dallo
stampo e lasciarlo raffreddare.

Servirlo cosparso di zucchero a velo.

Pour the flour into a bowl and make
a well.

Dissolve the yeast in a little warm milk
(about 50 ml or 3–4 tbsps), pour it with
10 g (½ oz) of sugar into the well and
mix with a little flour until it becomes
creamy. Leave to rest for 15 minutes.

Add the other ingredients (including the
rest of the milk and sugar), mix carefully
and stir with a mixer or wooden spoon
until bubbles form or until the dough
pulls away from the sides of the bowl
and has a smooth surface.

Sprinkle with flour, cover and leave
to rise in a warm place until the volume
doubles.

Grease a Gugelhupf mold (ring-shaped
cake tin) with butter, add the mixture
and leave to rest for 15–20 minutes.

Bake at 160 °C (355 °F) for 45 minutes
or so.

Remove from the oven, turn out
of the mold and leave to cool.

Dust with icing sugar.

204

Dolci tirolesi,
Krapfen e altro
Tyrolean patisserie,
krapfen and more

Canederli di susine
Plum canederli

■ ■ ◻

Ingredienti per 4 persone
Per la pasta di patate:
- 160 g di farina
- 500 g di patate cotte e passate
- 3 tuorli d'uovo
- 1 pizzico di sale
- noce moscata grattugiata
- 12 susine
Per la composizione finale:
- 150 g di pangrattato rosolato
- 80 g di zucchero
- 1 cucchiaino di cannella
- 80 g di burro fuso

Serves 4
For the potato mixture:
- 160 g (¾ cup) of flour
- 500 g (18 oz) of puréed potatoes
- 3 egg yolks
- a pinch of salt
- grated nutmeg
- 12 plums
To serve:
- 150 g (6 oz) of toasted breadcrumbs
- 80 g (⅔ cup) sugar
- 1 tsp of cinnamon
- 80 g (3 oz) of butter

Preparazione della pasta
Versare la farina su una spianatoia, aggiungere le patate, i tuorli d'uovo, il sale e la noce moscata. Impastare rapidamente.

Preparazione del piatto
Con un matterello stendere la pasta dello spessore di circa 5 mm.

Con uno stampino rotondo del diametro di circa 7 cm ricavare 12 cerchi.

Snocciolare le susine e metterne una in ogni cerchio.

Chiudere la pasta formando dei canederli.

Cuocere i canederli in acqua leggermente salata per 8 minuti circa.

In una ciotola mescolare il pangrattato, lo zucchero e la cannella. Scolare i canederli e voltolarveli dentro.

Adagiare i canederli sui piatti da portata e cospargerli con il burro fuso.

How to make the mixture
Pour the flour onto a work surface, add the potatoes, egg yolks, salt, and nutmeg. Knead rapidly.

Preparation
With a rolling pin, roll out the dough to a thickness of 5 mm (¼ in).

With a round cutter of about 7 cm (2½ in) in diameter cut 12 circles.

Pit the plums and place one on each disk.

Close the dough to form the canederli.

Cook in lightly salted water for 8 minutes.

In a bowl mix the breadcrumbs, sugar and cinnamon. Drain the canederli and dredge in the sugar.

Place the canederli on serving plates and drizzle with melted butter.

Vino Wine:
Moscato Rosa (*v. pag. 264*).

206

**Dolci tirolesi,
Krapfen e altro**
Tyrolean patisserie,
krapfen and more

Omelette soufflé

Omelet soufflé

■ ■ ▢

Ingredienti per 4 persone
- 7 tuorli d'uovo
- 7 cucchiai di zucchero
- 1 bustina di zucchero vanigliato
- ¼ di bustina di lievito in polvere
- 7 cucchiai di farina
- 7 albumi d'uovo
- 1 pizzico di sale

Per la composizione finale:
- burro (per ungere la padella)
- 2 cucchiai di zucchero
- 7 cucchiai di marmellata
di mirtilli rossi
- 3 cucchiai di zucchero a velo

Serves 4
- 7 egg yolks
- 7 tbsps of sugar
- 1 sachet of vanilla sugar
- ¼ sachet of baking powder
- 7 tbsps of flour
- 7 egg whites
- a pinch of salt

To serve:
- butter (for greasing the skillet)
- 2 tbsps of sugar
- 7 tbsps of cranberry jam
- 3 tbsps of icing sugar

Mescolare i tuorli con lo zucchero e lo zucchero vanigliato fino a ottenere un impasto spumoso. Unire il lievito e la farina setacciata. Mescolare con cura.

Montare gli albumi d'uovo a neve con 1 pizzico di sale. Aggiungere all'impasto precedente e con l'aiuto di una spatola amalgamare delicatamente.

Scaldare il forno a 180 °C.

Ungere una padella di ferro o una teglia rotonda dai bordi bassi con il burro. Versarvi il composto e infornare per 20-25 minuti.

Togliere dal forno e far raffreddare brevemente. Capovolgere l'omelette su uno straccio cosparso di zucchero. Conferirle una forma arrotolandola. Attendere 5-10 minuti, aprirla e distribuire la marmellata al centro.

Piegare nuovamente i lati verso l'interno.

Disporre l'omelette sul piatto da portata e cospargerla di zucchero a velo.

Mix the egg yolks with the sugar and vanilla sugar until mixture is fluffy. Combine the yeast and sifted flour. Mix with care.

Whisk the egg whites and a pinch of salt until stiff. Add to the mix and with the help of a spatula mix gently.

Preheat the oven to 180 °C (325 °F).

Grease a cast iron skillet or low, round oven tray with the butter. Pour in the mixture and bake for 20–25 minutes.

Remove from oven and allow to cool briefly. Flip the omelet onto a cloth sprinkled with sugar. Roll it up, wait 5–10 minutes, open and spread the jam in the middle.

Fold the edges inwards again.

Place the omelet on the serving dish and dust with icing sugar.

Vino Wine:
Serenade Passito (v. pag. 272).

208

Dolci tirolesi,
Krapfen e altro
Tyrolean patisserie,
krapfen and more

Omelette con marmellata di ribes
Redcurrant jam crêpe

Ingredienti per 4 persone
- 200 g di farina
- 250 ml di latte
- 6 uova
- 1 pizzico di sale
- 2 cucchiai di olio
- marmellata di ribes
- zucchero a velo

Serves 4
- 200 g (1⅓ cups) of flour
- 250 ml (1½ cups) of milk
- 6 eggs
- a pinch of salt
- 2 tbsps of oil (for cooking)
- redcurrant jam
- icing sugar

Mescolare la farina, il latte, le uova e il sale per ottenere una pastella piuttosto liquida e omogenea.

In una padella scaldare ½ cucchiaio di olio (per ciascuna frittata), versarvi un sottile strato di pastella. Cuocere da entrambi i lati.

Spalmare sopra la marmellata di ribes e piegarla a metà. Spolverare di zucchero a velo e servire.

Mix flour, milk, eggs, and salt to make a runny, smooth batter.

In a pan heat a tbsp of oil (for each crêpe) and pour in a thin layer of batter. Cook on both sides.

Spread with redcurrant jam and fold in half. Dust with icing sugar and serve.

Mandorle al cioccolato
Chocolate almonds

Ingredienti per 30 pezzi circa
- 300 g di cioccolato al latte
- 200 g di mandorle affettate

Ingredients for about 30 almonds
- 300 g (10 oz) of milk chocolate
- 200 g (7 oz) of sliced almonds

Spezzettare grossolanamente il cioccolato, lasciandolo poi sciogliere il a bagnomaria. Toglierlo dal fuoco e unirvi le mandorle. Mescolare con cura e lasciar raffreddare.

Con un cucchiaino mettere una piccola quantità di mandorle al cioccolato su un vassoio ricoperto di carta da forno. Lasciar raffreddare del tutto.

Break up the chocolate and put it in a bowl, then dissolve by bain-marie. Remove from heat and add almonds. Mix thoroughly and allow to cool.

Line a try with greaseproof paper and spoon out small amounts of chocolate almonds. Leave to cool completely.

212

Dolci tirolesi,
Krapfen e altro
Tyrolean patisserie,
krapfen and more

Biscottini alla marmellata
Jam sandwich cookies

Ingredienti per 70 pezzi circa
- 500 g di farina
- 200 g di zucchero
- 200 g di burro o margarina
(a temperatura ambiente)
- 2 uova
- ½ bustina di lievito in polvere
- 1 bustina di zucchero vanigliato
Per la composizione finale:
- marmellata (per il ripieno)
- zucchero a velo

Ingredients for about 70 cookies
- 500 g (3⅓ cups) of flour
- 200 g (1 cup) sugar
- 200 g (7 oz) of butter or
margarine (room temperature)
- 2 eggs
- ½ sachet of baking powder
- 1 sachet of vanilla sugar
To serve:
- jam (for the filling)
- icing sugar

Impastare rapidamente gli ingredienti come per la pasta frolla. Lasciare riposare l'impasto per 30 minuti coperto nel frigorifero.

Stendere l'impasto dello spessore di 2-3 mm su una spianatoia infarinata. Da metà sfoglia ricavare con uno stampino tondo dei biscotti. Dall'altra metà ricavare altrettanti biscotti e con uno stampino più piccolo forarli al centro come un anello.

Mettere le forme sulla placca coperta da carta da forno.

Preriscaldare il forno a 180 °C, cuocervi i biscotti per 4 minuti circa (dovrebbero avere un colore dorato).

Far raffreddare i biscotti. Spalmare della marmellata sui biscotti tondi. Spolverare gli anelli con lo zucchero a velo.

Coprire ogni biscotto tondo con uno a forma d'anello.

Knead ingredients quickly as for short crust pastry. Cover the dough and leave to rest for 30 minutes in the refrigerator.

Roll out the dough to a thickness of 2–3 mm (⅛ in) on a floured work surface. Use half the pastry to cut cookies with a round cutter. With the other half cut an equal number of rounds and with a smaller cutter make a hole in the center like a ring.

Put the shapes on the tray covered with baking paper.

Preheat the oven to 180 °C (355 °F) and bake the cookies for about 4 minutes (they should be a golden color when done).

Let them cool then spread jam on the round biscuits. Dust the rings with the icing sugar.

Cover each cookie with a ring shape.

Vino Wine:
Serenade Passito (v. pag. 272).

214

**Dolci tirolesi,
Krapfen e altro**
Tyrolean patisserie,
krapfen and more

Mini-cornetti con ripieno di nocciole
Walnut crescent cookies

Ingredienti per 36 pezzi ca.
Per il ripieno:
- 300 g di nocciole tritate
- 150 g di zucchero
- 1 presa di cannella
- 1 presa di scorza di limone grattugiata
- latte q.b.
Per la pasta:
- 500 g di pasta sfoglia
- tuorlo d'uovo sbattuto

Ingredients for about 36 cookies
For the filling:
- 300 g (10 oz) of chopped hazelnuts
- 150 g (¾ cup) of sugar
- a pinch of cinnamon
- a pinch of grated lemon zest
- milk as required
For the pastry:
- 500 g (18 oz) flaky pastry
- beaten egg yolk

Preparazione del ripieno
Mettere le nocciole, lo zucchero, la cannella e la scorza di limone grattugiata in una ciotola. Aggiungere del latte mescolando finché la massa diventi compatta.

Lasciare riposare per 15 minuti.

Preparazione del piatto
Dividere la pasta sfoglia in 4 pezzi e stendere ogni pezzo fino a ottenere una sfoglia molto sottile.

Da ogni sfoglia ricavare dei quadrati della grandezza di 10 x 10 cm (9 quadrati per ogni sfoglia).

In ogni quadrato disporre 1 cucchiaio di ripieno.

Partendo da un angolo, arrotolarli fino ad arrivare all'angolo opposto e disporli su una placca coperta di carta da forno.

Piegare gli estremi verso l'interno dandogli la forma di piccoli cornetti.

Spennellarli con il tuorlo d'uovo sbattuto.

Infornarli a 200 °C e cuocerli fino a che diventino dorati.

How to make the filling
Put the hazelnuts, sugar, cinnamon, and grated lemon rind into a bowl. Add the milk, stirring until the mixture becomes dense.

Leave to rest for 15 minutes.

Preparation
Divide the pastry into 4 pieces and roll out each piece until it is very thin.

Each piece should make 9 pieces of 10x10 cm (4x4 in).

Place a tbsp of filling on each square.

Start from a corner and roll as far as the other corner, then arrange on a baking tray lined with greaseproof paper.

Fold up the edges of each cookie to make a crescent shape.

Glaze with the beaten egg yolk.

Bake at 200 °C (390 °F) until the surface is golden brown.

Vino Wine:
Moscato Rosa (v. pag. 264).

216

Dolci tirolesi,
Krapfen e altro
Tyrolean patisserie,
krapfen and more

Krapfen con ripieno al papavero e mele
Krapfen with poppy and apple filling

■ ■ ◻

Ingredienti per 4 persone
Per la pasta:
- 200 g di farina 00
- 50 g di farina di segale
- 1 cucchiaio di grappa
- sale
- 100 ml di latte
- 15 g di burro
- 1 tuorlo d'uovo
Per il ripieno:
- 80 g di ricotta sgocciolata
- 2 mele tagliate a dadini
- 1-2 cucchiai di zucchero
- 1 presa di scorza di limone
grattugiata
- ½ bustina di zucchero vanigliato
- 70 g di papavero macinato
- olio o grasso (per la frittura)

Serves 4
For the pastry:
- 200 g (1⅓ cups) of all-purpose
white flour
- 50 g (⅓ cup) of rye flour
- 1 tbsp of grappa
- salt
- 100 ml (½ cup) of milk
- 15 g (½ oz) of butter
- 1 egg yolk
For the filling:
- 80 g (3 oz) of drained ricotta
- 2 diced apples
- 1–2 tbsps of sugar
- a pinch of grated lemon zest
- ½ sachet of vanilla sugar
- 70 g (2½ oz) ground poppy seeds
- oil or fat for frying

Preparazione della pasta
Mescolare le farine, la grappa e il sale.

Scaldare il latte e farvi sciogliere il burro. Fare raffreddare e aggiungere il tuorlo d'uovo. Unire alla massa e impastare con cura fino a ottenere una pasta liscia.

Lasciare riposare per 30 minuti.

Preparazione del ripieno
Passare la ricotta con il passaverdure.

Mescolare le mele tagliate a dadini, lo zucchero, la buccia di limone, lo zucchero di vaniglia, la ricotta e il papavero.

Preparazione del piatto
Stendere la pasta dello spessore di 3 mm circa. Servendosi di uno stampo rotondo formare dei cerchi (10–12 cm di diametro).

Su una metà di ciascun cerchio mettere un cucchiaio di ripieno. Coprire con l'altra metà. Premere i bordi e tagliare con la rotella dentellata.

Scaldare l'olio a 190 °C circa e friggere i Krapfen da entrambi i lati. Scolarli su carta assorbente e servirli.

How to make the batter
Mix the flours, grappa and salt.

Heat the milk and melt the butter in it then let it cool and add the egg yolk. Add to the mixture and knead thoroughly to obtain a smooth paste.

Leave to rest for 30 minutes.

How to make the filling
Blend the ricotta in a food mixer.

Mix diced apples, sugar, lemon zest, vanilla sugar, ricotta, and poppy seed.

Preparation
Roll out the dough to a thickness of about 3 mm or ⅛ in. Cut disks of dough with a cutter of about 10–12 cm (4–5 in) in diameter.

On one half of each disk place a spoonful of filling. Cover with the other half. Press the edges and trim with the pastry wheel.

Heat the oil to about 190 °C (375 °F) and fry the krapfen on both sides. Drain on kitchen paper and serve.

219

Dolci tirolesi,
Krapfen e altro
Tyrolean patisserie,
krapfen and more

Panpepato
Lebkuchen

🍰 🍰 ⬜

Ingredienti per 25-30 pezzi circa
- 2 uova
- 180 g di zucchero
- 80 g di miele
- 280 g di farina di segale
- 2 cucchiaini di cannella
- 5 g di bicarbonato
- 1 cucchiaino di garofano
in polvere
- scorza grattugiata di 1 limone
- un po' di latte (per spennellare)
Per la composizione finale:
- mandorle sbucciate
- frutta candita

Ingredients for about 25–30 cookies
- *2 eggs*
- *180 g (1 cup) of sugar*
- *80 g (3 oz) of honey*
- *280 g (1¼ cup) of rye flour*
- *2 tbsp of cinnamon*
- *5 g (¼ oz) of baking soda*
- *1 tsp of powdered cloves*
- *grated zest of 1 lemon*
- *a little milk (for glazing)*
To serve:
- *peeled almonds*
- *candied fruit*

Preparazione della pasta
Mescolare le uova, lo zucchero e
il miele, aggiungere la farina, il
bicarbonato e le spezie. Impastare
con cura il tutto fino a ottenere
una pasta omogenea e liscia.

Coprire e riporre in frigorifero
per 12 ore circa.

Preparazione del piatto
Stendere la pasta dello spessore di
5 mm su una spianatoia infarinata.
Con stampi rotondi, a forma di cuore
o stella estrarre delle forme.
Spennellarle di latte. Guarnirle
con mandorle o frutta candita.

Disporle su una placca coperta
con carta da forno.

Preriscaldare il forno a 170 °C, cuocere
i Lebkuchen per 3-4 minuti (dovrebbero
avere un colore marroncino chiaro).

Suggerimento
Per far sì che i Lebkuchen diventino
teneri e migliorino di sapore,
conservarli in una scatola chiusa
e in un luogo fresco.

How to make the mixture
Mix the eggs, sugar and honey; add
flour, baking soda and spices. Knead
the ingredients until they become
compact and smooth.

Cover and leave in the refrigerator
for about 12 hours.

Preparation
Roll out the dough to a thickness of
5 mm (¼ in) on a floured work surface.
Use round, heart or star-shaped cutters
to cut shapes. Glaze with the milk and
decorate with almonds or candied peel.

Arrange on an oven tray lined with
baking paper.

Preheat the oven to 170 °C (265 °F)
and bake the lebkuchen for 3–4 minutes
(they should be light brown).

Tips
To ensure the lebkuchen soften and their
flavor improves, store in a closed box in
a cool place.

Vino Wine:
Moscato Rosa (*v. pag. 264*).

224

**Dolci tirolesi,
Krapfen e altro**
Tyrolean patisserie,
krapfen and more

Strudel di mele
Apple strudel

■ ■ ◻

Ingredienti per 10 porzioni ca.
Per la pasta frolla:
- 300 g di burro (a temperatura ambiente)
- 200 g di zucchero
- 3 rossi d'uovo e 1 uovo intero
- scorza di limone grattugiata
- 1 pizzico di sale
- ½ bustina di zucchero vanigliato
- 500 g di farina
- 1 uovo sbattuto (per spennellare)
Per il ripieno:
- 5 mele
- 50 g di uva sultanina
- 2 cucchiai di pinoli
- 1 cucchiaio di zucchero
- 1 pizzico di cannella in polvere
- scorza di limone grattugiata
- zucchero a velo per guarnire

Ingredients for about 10 strudels
For the short crust pastry:
- 300 g (10 oz) of butter (room temperature)
- 200 g (1⅓ cups) of sugar
- 3 egg yolks, 1 whole egg
- a pinch of grated lemon zest
- a pinch of salt
- ½ sachet of vanilla sugar
- 500 g (3⅓ cups) of flour
- 1 beaten egg (for glazing)
For the filling:
- 5 apples
- 50 g (2 oz) of sultanas
- 2 tbsps of pine nuts
- 1 tbsp of sugar
- a pinch of ground cinnamon
- 1 tsp of grated lemon zest
- icing sugar to serve

Mescolare il burro con lo zucchero, unire i rossi d'uovo e l'uovo intero. Amalgamare con un mestolo di legno. Aggiungere una presa di scorza di limone, sale, zucchero vanigliato e farina. Impastare velocemente su una spianatoia fino a ottenere una pasta liscia e omogenea. Coprirla con la pellicola trasparente e lasciarla riposare in frigorifero per 30 minuti.

Disporre in una bacinella le mele sbucciate e tagliate a pezzettini, l'uva sultanina, i pinoli, lo zucchero, la cannella e 1 cucchiaino di scorza di limone. Mescolare brevemente.

Stendere la pasta dello spessore di 5 mm sopra uno straccio infarinato. Adagiare il ripieno nel centro dandogli la classica forma allungata. Chiudere un lato e spennellarlo con l'uovo sbattuto. Ripiegare l'altro lato chiudendo bene le due estremità.

Ora posare lo strudel su una placca foderata con carta da forno (con la chiusura rivolta verso il basso). Spennellarlo con l'uovo sbattuto.

Infornarlo a 170 °C per 30 minuti circa. Lo strudel dovrà prendere un bel colore dorato. Lasciarlo intiepidire e tagliarlo a fette di 3-4 cm. Servirlo cosparso di zucchero a velo.

Mix the butter with the sugar, add the egg yolks and whole egg, using a wooden spoon. Add the lemon zest, salt, vanilla sugar and flour. Knead quickly on a work surface to make a smooth, consistent dough. Wrap in kitchen film and leave in the refrigerator 30 minutes.

Peel apples and remove the core. Cut the apple into small pieces and place in a bowl, adding the raisins, pine nuts, sugar, cinnamon and lemon zest. Mix quickly.

Roll out the dough to a thickness of 5 mm (¼ in) on a floured kitchen towel. Place the filling in the center, pulled into the classic elongated shape. Close one edge and glaze with the beaten egg. Fold over the other edge and take care to seal both ends.

Now lay the strudel on an oven tray lined with baking paper (the closed edge face down). Glaze with the beaten egg.

Bake at 170 °C (355 °F) for 30 minutes or so. The strudel is done when it is a nice golden color. Leave to cool and when lukewarm cut 3–4 cm (1½ in) slices. Dust with icing sugar.

225

Dolci tirolesi,
Krapfen e altro
Tyrolean patisserie,
krapfen and more

Strudel con ripieno di castagne e mele

Apple and chestnut strudel

■ ■ ▢

Ingredienti per 10 porzioni ca.
Per la pasta:
- 300 g di burro (a temperatura ambiente)
- 200 g di zucchero
- ½ bustina di zucchero vanigliato
- scorza di limone grattugiata
- 2 tuorli d'uovo e 1 uovo intero
- 500 g di farina
- 1 uovo sbattuto (per spennellare)
Per il ripieno:
- 3 mele
- 150 g di castagne
- acqua zuccherata
- 2 cucchiai di pinoli
- 1 cucchiaio di zucchero
- 1 pizzico di cannella in polvere
- zucchero a velo e panna montata per guarnire

Ingredients for about 10 strudels
For the pastry:
- 300 g (10 oz) of butter (room temperature)
- 200 g (1 cup) of sugar
- ½ sachet of vanilla sugar
- 1 tsp of grated lemon zest
- 2 egg yolks, 1 whole egg
- 500 g (3⅓ cups) of flour
- 1 beaten egg (for glazing)
For the filling:
- 3 apples
- 150 g (6 oz) of chestnuts
- sugared water
- 2 tbsps of pine nuts
- 1 tbsp of sugar
- a pinch of ground cinnamon
- icing sugar and whipped cream to serve

Amalgamare il burro con lo zucchero, aggiungere lo zucchero vanigliato, un cucchiaino di scorza di limone, i tuorli e l'uovo intero, mescolare rapidamente, unire la farina e impastare fino a ottenere una pasta liscia e omogenea. Coprire e mettere in frigo per 30 minuti.

Mescolare le mele sbucciate e tagliate a pezzettini con le castagne, dopo averle incise e bollite in acqua leggermente zuccherata. Aggiungere pinoli, zucchero e cannella.

Stendere la pasta dello spessore di 5 mm su uno straccio infarinato avendo cura di dargli una forma rettangolare. Adagiare il ripieno nel centro. Chiudere una metà, spennellarla con l'uovo e sovrapporvi l'altra metà di pasta. Chiudere bene le estremità.

Preriscaldare il forno a 200 °C e infornare lo strudel su una placca bassa con carta da forno per 7-8 minuti, dopo averlo spennellato di nuovo con l'uovo sbattuto. Ridurre la temperatura a 160 °C e lasciar cuocere per 30-35 minuti. Lo strudel dovrebbe avere una colorazione dorata.

A cottura ultimata lasciarlo raffreddare, cospargerlo di zucchero a velo e affettarlo a fette di circa 5 cm. Servirlo con della panna montata.

Mix the butter with the sugar, add vanilla sugar, lemon zest, egg yolks and whole egg, stir quickly, add the flour and mix to obtain a smooth, consistent mixture. Cover and place in the refrigerator for 30 minutes.

Peel apples and remove the core. Cut the apple into small pieces. Slit the chestnuts with a small knife and boil in plenty of slightly sweetened water. Peel and chop, then Mix with the apples, add the pine nuts, sugar, and cinnamon. Mix quickly.

Roll out the dough to a thickness of 5 mm (¼ in) on a floured work surface, taking care to give it a rectangular shape. Place the stuffing in the center lengthwise. Fold in half and glaze with the beaten egg, then cover with the half of the pastry. Seal the ends well.

Preheat the oven to 200 °C (390 °F). Glaze the strudel with the beaten egg and place on a shallow oven tray lined with baking paper. Bake for 7–8 minutes then reduce the temperature to 160 °C (320 °F) and cook for a further 30–35 minutes. The strudel should be a golden color when done.

When done, leave to cool, dust with icing sugar and cut into slices of about 5 cm (2 in). Serve with whipped cream.

227

Dolci tirolesi,
Krapfen e altro
Tyrolean patisserie,
krapfen and more

Strudel con ripieno al papavero

Poppy strudel

■ ■ ⬚

Ingredienti per 5 porzioni ca.
Per la pasta frolla:
- 200 g di farina
- 100 g di zucchero
- ½ bustina di lievito in polvere
- ½ bustina di zucchero vanigliato
- 75 g di burro
- 2 uova
- scorza di limone grattugiata
- 1 tuorlo d'uovo sbattuto (per spennellare lo strudel)
Per il ripieno:
- 80 g di papavero macinato
- 3-4 cucchiai di zucchero
- ½ bustina di zucchero vanigliato
- scorza di limone grattugiata
- 3-4 cucchiai di latte
- zucchero a velo per guarnire

Ingredients for about 5 strudels
For the short crust pastry:
- 200 g (1⅓ cups) of flour
- 100 g (½ cup) of sugar
- ½ sachet of baking powder
- ½ sachet of vanilla sugar
- 75 g (3 oz) of butter
- 2 eggs
- a pinch of grated lemon zest
- 1 beaten egg yolk (to glaze the strudel)
For the filling:
- 80 g of ground poppy seeds
- 3–4 tbsps of sugar
- ½ sachet of vanilla sugar
- a pinch of grated lemon zest
- 3–4 tablespoons of milk
- icing sugar to serve

Mescolare la farina, lo zucchero, il lievito e lo zucchero vanigliato. Aggiungere il burro a temperatura ambiente spezzettato e mescolare. Aggiungere le uova e una presa di scorza di limone. Impastare velocemente e lasciare riposare per 30 minuti.

Mescolare il papavero macinato, lo zucchero, lo zucchero vanigliato, una presa di scorza scorza di limone e il latte fino a ottenere un composto omogeneo e cremoso.

Su uno straccio infarinato stendere la pasta dello spessore di 5 mm circa. Adagiarvi la farcia avendo cura di lasciare 2 cm di bordo libero. Arrotolare delicatamente. Spennellare lo strudel con il tuorlo d'uovo sbattuto.

Preriscaldare il forno a 180 °C e infornare lo strudel per 30 minuti.

Tagliare lo strudel a fette dello spessore di 5 cm, adagiarlo sul piattino da dessert e servirlo spolverizzato di zucchero a velo.

Mix flour, sugar, baking powder, and vanilla sugar. Add the chopped butter at room temperature and mix. Add eggs and lemon zest. Knead quickly thoroughly and leave to rest for 30 minutes.

Mix ground poppy seeds, sugar, vanilla sugar, lemon zest, and milk until the mixture is smooth and creamy.

Roll out the dough to a thickness of about 5 mm or 1/8 in. Add the filling, making sure there is a 2 cm (1 in) border. Roll up gently then glaze with the beaten egg.

Preheat the oven to 180 °C (355 °F) and bake the strudel for 30 minutes.

Cut the strudel into slices of 5 cm (2 in), arrange on dessert plates, and serve dusted with icing sugar.

Vino Wine:
Moscato Rosa (v. pag. 264).

229
**Dolci tirolesi,
Krapfen e altro**
*Tyrolean patisserie,
krapfen and more*

Frittata dolce
Crêpes

Ingredienti per 4 persone
- 300 ml di latte
- 180 g di farina
- 1 pizzico di sale
- 5-6 uova grandi
- burro chiarificato, burro o olio
(per friggere)
Per la composizione finale:
- zucchero a velo

Serves four
- *300 ml (1½ cups) of milk*
- *180 g (1⅓ cups) of flour*
- *a pinch of salt*
- *5–6 large eggs*
- *butter, clarified butter, or oil*
(for frying)
To serve:
- *icing sugar*

Mescolare il latte, la farina e il sale
fino a ottenere una pastella liscia
e omogenea. Aggiungere le uova
mescolando brevemente.

In una pentola grande scaldare il burro
chiarificato.

Versarvi la metà della massa e a fuoco
medio far dorare la parte sottostante.

Capovolgere la frittata, alzarla un
po' per metterci di nuovo del burro
chiarificato.

Friggere anche l'altra parte e poi
strapazzare la frittata con due forchette.

Servire la frittata cosparsa di zucchero
a velo.

*Mix milk, flour and salt to make a
smooth, consistent batter. Add eggs,
stirring briefly.*

Heat the clarified butter in a large skillet.

*Pour in half of the batter and over
medium heat brown the underside.*

*Turn the crêpe over and raise slightly
to add more clarified butter.*

*Fry the other side of the crêpe and then
use two forks to break it into pieces.*

Serve the crêpe dusted with icing sugar.

Vino Wine:
Moscato Giallo (*v. pag. 264*).

232

**Dolci tirolesi,
Krapfen e altro**
Tyrolean patisserie,
krapfen and more

Piccoli plumcake
a base di pasta lievitata
Sweet yeast dough rolls

▪ ▪ ▪

Ingredienti per 4 persone
- 100 ml di latte tiepido
- 30 g di zucchero
- 25 g di lievito
- 350 g di farina
- 2 uova
- ½ bustina di zucchero vanigliato
- 1 presa di scorza di limone grattugiata
- 20 g di burro fuso
- burro (per lo stampo)
- burro fuso (per spennellare)
Per il ripieno:
- marmellata di albicocche
Per la composizione finale:
- zucchero a velo

Serves four
- 100 ml (½ cup) of warm milk
- 30 g (1 oz) of sugar
- 25 g (1 oz) of yeast
- 350 g (2⅓ cups) of flour
- 2 eggs
- ½ sachet of vanilla sugar
- a pinch of grated lemon zest
- 20 g (1 oz) of butter
- butter (for the mold)
- melted butter (for glazing)
For the filling:
- apricot jam
To serve:
- icing sugar

Mescolare 20 ml di latte tiepido, lo zucchero e il lievito. Lasciare riposare coperto e al caldo per 15 minuti circa.

Unire la farina, le uova, il latte rimasto, lo zucchero vanigliato, la scorza di limone e il burro fuso. Impastare con cura finché la pasta faccia delle bolle. Lasciare riposare coperto e al caldo 30 minuti per la lievitazione.

Stendere la pasta dello spessore di 5 mm circa. Tagliare dei quadrati della grandezza di 6 x 6 cm.

Disporre un cucchiaio di marmellata di albicocche al centro di ogni quadrato. Chiudere bene i quadrati.

Foderare lo stampo con del burro. Spennellare ogni singolo Buchtel con del burro fuso e disporli nello stampo uno vicino all'altro con la chiusura rivolta verso il basso. Lasciare riposare coperti per 15 minuti.

Infornare a 170 °C e far cuocere per 35 minuti.

Cospargere di zucchero a velo.

Mix 20 ml (1½ tbsps) of warm milk, sugar and yeast. Cover the dough and leave to rest for about 15 minutes in a warm place.

Add the flour, eggs, remaining milk, vanilla sugar, lemon peel, and melted butter. Knead thoroughly until the pastry forms bubbles. Cover the dough and leave to rise for about 30 minutes in a warm place.

Roll out the dough to a thickness of about 5 mm (⅛ in). Cut squares of 6x6 cm (2½x2½ in).

Add a tbsp of apricot jam to the center of each square. Close the squares carefully.

Grease an oven tray with butter. Glaze each buchtel with melted butter and arrange in rows on the tray, with the sealed edge face down. Cover and leave to rest for 15 minutes.

Bake at 170 °C (265 °F) for 35 minutes.

Dust with icing sugar.

Vino Wine:
Moscato Giallo (v. pag. 264).

235

Dolci tirolesi,
Krapfen e altro
Tyrolean patisserie,
krapfen and more

Pane con frutta candita, fichi e noci
Zelten rolls with candied fruit, figs and nuts

■ ■ ■

Ingredienti per 10 Zelten (13 cm di diametro)
- 500 g di fichi secchi tagliati a dadi
- 400 g di arachidi sbucciate, 200 g di nocciole, 200 g di noci e 200 g di mandorle tritate, 200 g di uva sultanina, 100 g di pinoli e 200 g di frutta candita
- 2 cucchiaini di cannella
- 1 cucchiaino di garofano in polvere
- 100 g di zucchero
- scorza grattugiata e succo di 1 limone e di 1 arancia
- 125 ml di rum
Per la pasta lievitata:
- 60 g di lievito
- 700 g di farina di segale
- sale
- mandorle e frutta candita per decorare

Ingredients for 10 rolls (13 cm or 5 in diameter)
- 500 g (18 oz) of diced dried figs
- 400 g (14 oz) of peeled peanuts, 200 g (7 oz) of hazelnuts, 200 (7 oz) of walnuts, 200 g (7 oz) of almonds, all chopped, 200 g (7 oz) of sultanas, 100 g (4 oz) of pine nuts, 200 g (7 oz) of mixed candied peel
- 2 tbsp of cinnamon
- 1 tsp of powdered cloves
- 100 g (½ cup) of sugar
- grated zest and juice of 1 lemon and 1 orange
- 125 ml (¾ cup) of rum
For the yeast dough:
- 60 g (2½ oz) of yeast
- 700 g (4⅔ cups) of rye flour
- salt
- peeled almonds and candied fruit for the garnish

Il giorno precedente mettere i fichi, la frutta secca tritata, l'uva sultanina, i pinoli e la frutta candita in una ciotola. Aggiungere cannella, garofano, zucchero, scorza e succo di limone e arancia e rum. Lasciare macerare coperto per circa 12 ore.

Sciogliere il lievito in un po' d'acqua tiepida. Mescolare con la farina e il sale e impastare fino a ottenere una pasta non troppo dura. Lasciare riposare per 30 minuti.

Aggiungere la pasta lievitata agli ingredienti immersi nel rum e amalgamare con cura il tutto.

Su una spianatoia inumidita formare con le mani inumidite dei Zelten rotondi, quadrati o rettangolari (dello spessore di circa 2 cm).

Disporre i Zelten su una placca con carta da forno e guarnirli a piacimento con mandorle o frutta candita.

Preriscaldare il forno a 180 °C, infornare e far cuocere per 40-45 minuti circa. Durante la cottura spennellare 2-3 volte con acqua zuccherata bollente (bollire 100 g di zucchero in 100 ml di acqua).

Lasciar raffreddare i Zelten su una grata e gustare dopo 2-3 giorni.

Vino Wine:
Serenade Passito (v. pag. 272).

A day before put figs, peanuts, hazelnuts, walnuts, almonds, sultanas, pine nuts, and candied fruit in a bowl. Add cinnamon, cloves, sugar, lemon zest and juice, orange zest and juice, and rum. Cover and leave to soak for about 12 hours.

Dissolve the yeast in lukewarm water. Mix with the flour and salt and knead everything together to make a dough that is not too stiff. Leave to rest for 30 minutes.

Add the dough to the ingredients soaked in rum and mix carefully.

Moisten a work surface and with damp hands form round, square or oblong (approx. 2 cm or 1 in thick) zelten.

Cover an oven tray with baking paper. Arrange the zelten on the tray and garnish to taste with almonds or candied fruit.

Bake in a preheated oven at 180 °C (265 °F) for 40–45 minutes. During baking, brush the zelten 2–3 times with boiling sugar water (boil 100 g or ½ cup of sugar in 100 ml or ½ cup of water).

Let the zelten cool on a rack and taste after 2–3 days.

SPINATRAHMNOCKEN

frische Blattspinat oder guter
Heinrich (- Wildspinat)

Zwiebel (gehackt)
Knoblauch (eine)
etwas Muskatnuß
Salz , Pfeffer

Spinat kurz in heißem Wasser blanchieren,
... und ... eiskalten Wasser
... Leot ausdrücken und
hacken ... Pfeffer, Muskatnuß
... 50 g Butter schmelzen,
... Zwiebel und Knoblauch und den
den Spinat dazugeben. Mit Muskat
Salz, Pfeffer und Muskatnuß abschmecken
... braten
... Zwischen Rühl die Eier zugeben
Pfeffer + das Mehl zugeben
... Mit Löffel ... eine Teigportion ...
Platten solte gut
... abgekühlten Spinat untermengen und

Grappe, succhi e marmellate

Grappas, juices and jams

Marmellata di mirtilli rossi
Cranberry jam

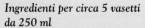

Ingredienti per circa 4 vasetti da 250 ml
- 1 kg di mirtilli rossi freschi
- 40 g di zucchero
- 100 ml di vino rosso
- 1 stecca di cannella

Ingredients for about 4 jars of 250 ml (8 oz) each
- *1 kg (35 oz) fresh cranberries*
- *40 g (¼ cup) of sugar*
- *100 ml (¼ cup) of strong red wine*
- *1 cinnamon stick*

Mettere i mirtilli rossi, lo zucchero, il vino rosso e la cannella in una pentola e scaldare. Mescolare di tanto in tanto.

Quando inizia a bollire togliere la schiuma con una schiumarola. Far ribollire tre volte sempre schiumandola.

Versare nei vasi sterilizzati e chiuderli.

Put the cranberries, sugar, red wine, and cinnamon in a saucepan and heat. Stir occasionally.

When it begins to boil, skim the froth with a skimmer. Bring to the boil three times and skim each time.

Pour into the sterilized jars and close.

Marmellata di ciliegie
Cherry jam

Ingredienti per circa 5 vasetti da 250 ml
- 1 kg di ciliegie
- 1 kg di zucchero gelatinizzante

Ingredients for about 5 jars of 250 ml (8 oz) each
- *1 kg (35 oz) of strawberries*
- *1 kg (35 oz) of jam sugar*

Denocciolare le ciliegie e ridurle in pezzettini con il passaverdure.

Mescolare la polpa delle ciliegie con lo zucchero gelatinizzante e far cuocere per 4-5 minuti mescolando bene.

Versare in vasi sterilizzati, chiudere e capovolgere. Lasciare raffreddare.

Pit the cherries and chop into small pieces with a blender.

Mix the flesh with the jam sugar and cook for 4–5 minutes stirring well.

Pour the jam into sterilized jars. Close the jars and turn upside down. Leave the jam to cool.

Sciroppo di fiori di sambuco

Elderflower syrup

Ingredienti per circa 3 l di sciroppo
- 2 l di acqua
- 1¾ kg di zucchero
- 25 fiori di sambuco
- 4 limoni tagliati a metà

Ingredients for about 3 l (15 cups) of syrup
- *2 l (10 cups) of water*
- *1¾ kg (9 cups) of sugar*
- *25 elderflowers*
- *4 lemons cut in half*

Far bollire l'acqua e farla intiepidire. Aggiungere lo zucchero e mescolare con cura perché si sciolga. Lasciar raffreddare del tutto, poi aggiungere i fiori di sambuco e i limoni e lasciar riposare per 3-4 giorni.

Strizzare i limoni. Filtrare il tutto, scaldare il succo e versarlo nelle bottiglie di vetro ancora calde precedentemente sterilizzate in acqua bollente. Chiudere le bottiglie e farle nuovamente bollire per 10-15 minuti in acqua. Far raffreddare. Per berlo diluire lo sciroppo con dell'acqua a piacimento.

Boil the water and allow it to cool. Add the sugar and stir well so it dissolves. Allow to cool completely then add the elderflower and lemons, and leave to stand for three to four days.

Squeeze the lemons. Filter and heat the juice, then pour into glass bottles that have been sterilized with boiling water and are still hot. Close and boil again for 10–15 minutes. leave to cool

To consume the syrup, dilute with water to taste.

Sciroppo di bacche di sambuco

Elderberry syrup

Ingredienti
- bacche di sambuco
- zucchero (500 g per ogni litro di succo estratto)

Ingredients
- *elderberries*
- *500 g (2½ cups) of sugar for every liter (4 cups) of juice extracted*

Estrarre il succo delle bacche di sambuco con un estrattore a vapore per succhi di frutta. Per ogni litro di succo estratto ancora caldo aggiungere 500 g di zucchero. Mescolare con cura perché lo zucchero si sciolga.

Versare lo sciroppo nelle bottiglie di vetro ancora calde sterilizzate in acqua bollente.Chiuderle e farle nuovamente bollire per 10-15 minuti in acqua. Far raffreddare. Per berlo diluire lo sciroppo con dell'acqua a piacimento.

Extract the elderberry juice with a steam juice extractor. For every liter (5 cups) of juice extracted add 500 g (2½ cups) of sugar while still hot.

Stir well so the sugar dissolves. Pour into glass bottles that have been sterilized with boiling water and are still hot.

Close and boil again for 10–15 minutes. Leave to cool. To consume the syrup, dilute with water to taste.

Sciroppo di ribes rossi

Redcurrant syrup

■ ☐ ☐

**Ingredienti per circa 1,5-2 l
di sciroppo**
- 3 kg di ribes rossi
- 400 g di zucchero

Ingredients for about 1.5–2 l
(7–10 cups) of syrup
- 3 kg (6½ lbs) of redcurrants
- 400 g (2 cups) of sugar

Estrarre il succo dei ribes rossi con un estrattore a vapore per succhi di frutta.

Versare il succo estratto in una pentola, aggiungere lo zucchero e scaldarlo finché inizi a sobbollire.

Versarlo ancora bollente nelle bottiglie di vetro ancora calde precedentemente sterilizzate in acqua bollente o in forno e chiuderle bene.

Per berlo diluire lo sciroppo con dell'acqua a piacimento.

Extract the redcurrant juice with a steam juice extractor.

Pour the juice into a saucepan, add the sugar, and heat until it begins to simmer.

Pour into glass bottles that have been sterilized with boiling water or in an oven and are still hot. Seal well.

To consume the syrup, dilute with water to taste

Grappa di cirmolo

Swiss pine schnapps

■ ⬜ ⬜

Ingredienti *per circa 1 l di grappa*
- *1 l di grappa*
- *16 pigne di pino cembro*
- *200 g di zucchero*

Ingredients for about 1 l (5 cups)
of syrup
- *1 l (5 cups) of grappa*
- *16 Swiss pine cones*
- *200 g (1 cup) of sugar*

Prendere due bottiglie di vetro da 0,75 ml l'una. Mettere in ciascuna 100 g di zucchero, 8 pigne e 500 ml di grappa.

Chiudere le bottiglie e lasciare macerare per 1 mese scuotendole di tanto in tanto.

Suggerimento
Le pigne andrebbero raccolte nella tarda primavera (fine aprile-primi giorni di giugno).

Take two glass bottles of 750 ml (3¾ cups) each and put 100 g (½ cup) of sugar, 8 pine cones, and 500 ml (2½ cups) of grappa in each.

Close the bottles and leave to soak for about a month, shaking occasionally.

Tips
The cones should be gathered in late spring (end of April–early June).

Grappa di pino mugo

Mountain pine schnapps

■ ⬜ ⬜

Ingredienti *per circa 1 l di grappa*
- *1 l di grappa*
- *12 pigne di pino mugo verdi*
- *2 cucchiai di zucchero candito*

Ingredients for about 1 l (4 cups)
of syrup
- *1 l (4 cups) of grappa*
- *12 green mountain pine cones*
- *2 tbsps of candied sugar*

Togliere 1 bicchiere di grappa dalla bottiglia, per evitare che aggiungendo gli ingredienti fuoriesca. Inserire le pigne di pino mugo (se troppo grosse dividerle a metà) e lo zucchero candito.

Chiudere e lasciar macerare per 1 anno circa.

Suggerimento
Per avere le pigne di pino mugo verdi raccoglierle in primavera.

Remove a glassful of grappa from the bottle to prevent spillage when adding the ingredients. Put the mountain pine cones (split in half if too large) and the candied sugar in the bottle of grappa.

Close and leave to soak for about a year.

Tips
Green pine cones have to be gathered in spring.

253 Il Törggelen

Törggelen

In autunno, quando le giornate si accorciano, le foglie cambiano colore e le temperature si abbassano, ci si incontra per degustare i frutti che durante l'estate sono maturati e sono poi stati raccolti: è il periodo del Törggelen. L'assaggio del mosto e del vino nuovo fanno parte del Törggelen – il cui nome deriva dal torchio dell'uva – come la degustazione delle caldarroste che conclude la serata. Tra l'uno e l'altra c'è un vasto menu dove vengono servite pietanze tradizionali e sostanziose come la zuppa d'orzo, le mezzelune, i canederli, seguiti da secondi piatti come carne salata, carne affumicata o salsicce fatte in casa accompagnate da crauti. Soprattutto nella Val d'Isarco, nel Burgraviato e lungo la strada del vino, tante osterie contadine (i "Buschenschänke" o "Hofschänke") offrono serate di Törggelen con menu tradizionali. È una tipica festa che si trascorre principalmente nelle vecchie "Stuben" (salotti rivestiti in legno riscaldati da una grossa stufa), in compagnia e rallegrati da melodie tirolesi.

In fall, when the days are shorter, the leaves change color and temperatures drop, people meet for the Törggelen, to taste the fruit that has ripened during the summer and has then been gathered. Another aspect of Törggelen – whose name derives from the grape press – is eating roast chestnuts at the end of the evening. There is an extensive menu of a huge range of traditional hearty dishes like barley soup, mezzelune pasta and canederli, followed by Second courses like salted and smoked meats, and homemade sausages with sauerkraut. Especially in Val d'Isarco, in Burgraviato and along the wine route, many rural inns ("Buschenschènke" or "Hofschènke") offer Törggelen evenings with traditional menus. This typical festival is organized mainly in the old stubens, wood-clad rooms heated by a stove, and are accompanied by cheerful Tyrolean music.

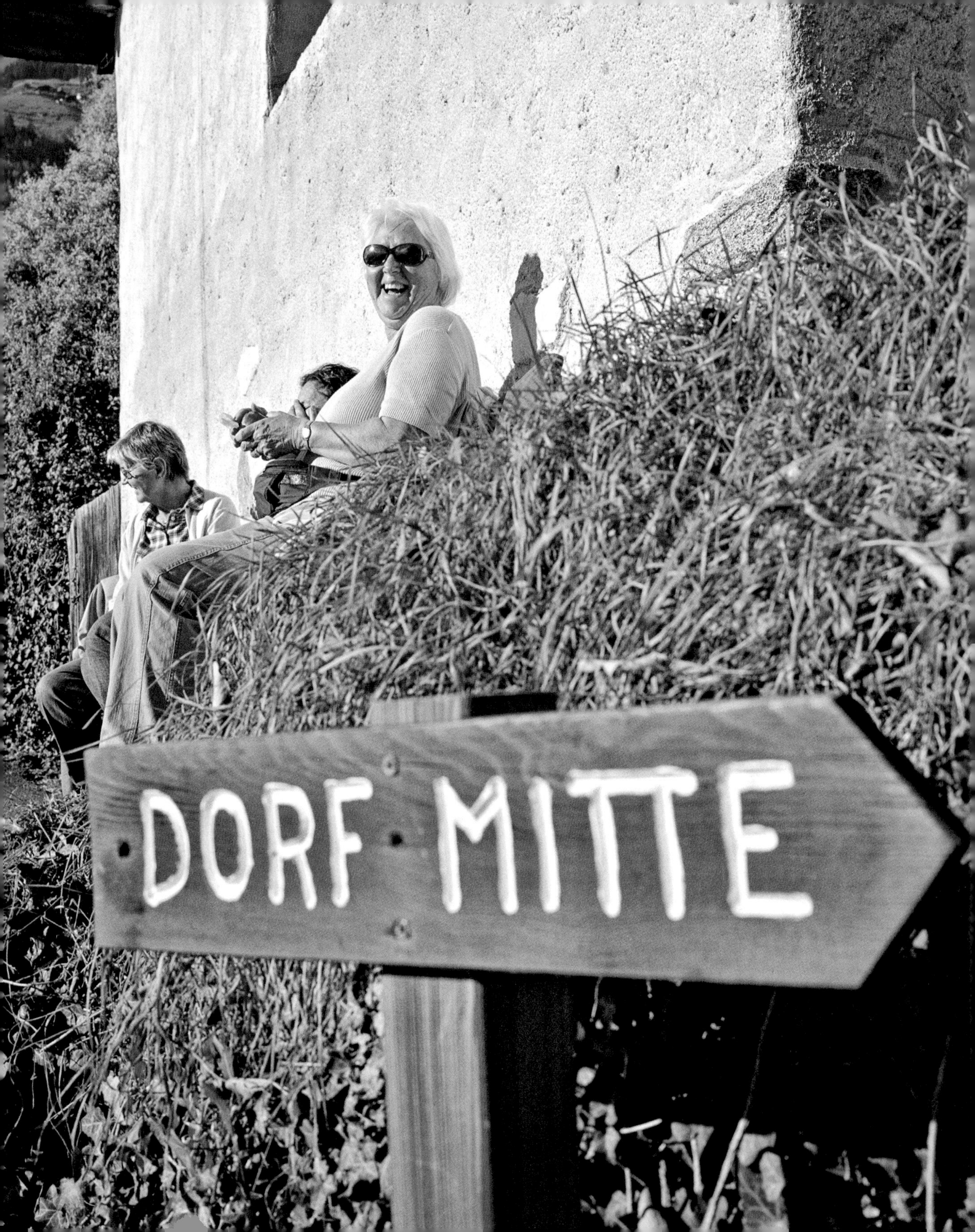
DORF MITTE

259

Vino
Wine

Come estensione, l'Alto Adige è uno dei territori più piccoli d'Italia, ma grazie alla sua posizione geografica è anche uno dei più variegati. La viticoltura, ad esempio, si estende dai piedi dei massicci alpini più elevati a nord fino ai vigneti di un paesaggio decisamente mediterraneo a sud. 5000 viticoltori si dividono una superficie vitata di meno di 5300 ettari, distribuita tra le zone climatiche più disparate, su terreni di varia composizione e a quote che variano fra 200 e oltre 1000 metri s.l.m. Da questa estrema varietà scaturisce un numero sorprendente di vini d'eccellenza. Quasi il 99% dell'intera superficie viticola della provincia si fregia del marchio DOC. L'Alto Adige si trova, pertanto, in vetta a questa classifica, solitario rispetto alle altre regioni. Uno sguardo alle guide enologiche mostra che l'Alto Adige, in relazione alla sua superficie coltivata a vite, ogni anno detiene il primato dei punteggi massimi. In Alto Adige maturano oltre 20 varietà di uva. Questa molteplicità è riconducibile alle diverse condizioni climatiche particolarmente indicate per la coltivazione della vite. Le Alpi costituiscono a nord una barriera di protezione dai venti freddi; da sud si fa sentire invece il mite influsso mediterraneo. Con una media di

South Tyrol is one of Italy's smallest districts by area, but thanks to its geographical position it is also one of the most varied. Viticulture, for example, extends from the foot of the highest mountain massif in the north, to the vineyards of a decidedly Mediterranean landscape in the south. There are less than 5,300 hectares under vine, in the hands of 5,000 winemakers, with estates distributed around the most varied climates, soils of different compositions and altitudes ranging from 200 to over 1,000 meters (650–3,300 feet) above sea level. This acute variability produces a surprising number of wines of excellence with almost 99% of the province's winegrowing area able to boast DOC certification. Thus South Tyrol is at the top of this leaderboard, distinct from other regions, and a glance at wine guides shows that in relation to its acreage, the area always has the highest number of awards per hectares of vineyears. There are over 20 cultivars in this district and the variety is due to the different climatic conditions, particularly suited to cultivation of the vine. To the north the Alps form a natural barrier against cold winds while a mild Mediterranean influence arrives from the south. With an average of 1,800 hours of sunshine a year, the environment is ideal for viticulture

1800 ore di sole l'anno, l'ambiente è ideale per la coltivazione. Frutto del lavoro intenso e meticoloso di vignaioli esperti, i vini dell'Alto Adige sono coltivati e maturati secondo i principi del loro territori. Frutto non di mode passeggere, bensì vini autentici dalla spiccata personalità. I vini bianchi altoatesini, freschi e minerali al palato, strutturati nel gusto, sono fra i migliori del panorama italiano. Ma anche i vitigni autoctoni come la Schiava, il Lagrein o il Gewürztraminer vivono un momento di meritato splendore. La varietà tuttora maggiormente coltivata è la Schiava, in tedesco Vernatsch (dal latino *vernaculus*, ossia *domestico*). Essa risulta menzionata nei documenti già alla fine del medioevo. Nei decenni passati l'incidenza di questa varietà è scesa dall'80% e oltre al di sotto del 20%. Nella cucina altoatesina, comunque, la Schiava continua a occupare un posto fisso.

La viticoltura a Caldaro
La conca che circonda il lago di Caldaro vanta una cultura vinicola millenaria. Già i Romani apprezzavano i vini coltivati sui declivi morenici attorno al piccolo lago situato in una valle laterale dell'Adige. La particolarità di questa zona consiste nella sua spiccata eterogeneità.

and South Tyrol wines are the result of the intense, meticulous work of expert winemakers, who grow and harvest as the terroir's rules dictate. The wines are not the result of passing fads; they are authentic wines with distinct personalities. White wines from South Tyrol are fresh and minerally on the palate, with well-orchestrated flavor, and are some of the best on the Italian panorama. Native vines like Schiava, Lagrein and Gewürztraminer are basking in some well-deserved glory. The most cultivated variety is still Schiava (called Vernatsch in German from the Latin vernaculus, meaning domestic). It is mentioned in documents as early as the late Middle Ages. In past decades the incidence of the variety dropped by 80% or more, even under 20%, although South Tyrol cuisine continues to keep a special place for Vernatsch.

Viticulture in Kaltern
The basin surrounding Lake Kaltern can boast viticulture dating back thousands of years. Even the Romans enjoyed the wines produced on the morainic hills around the small lake located in a side valley of the River Adige. The particularity of this area is its extensive variability. The type of soil and microclimatic differences are

La tipologia del terreno e le differenze microclimatiche si rispecchiano nella presenza di oltre 60 vigneti dai nomi storici come Putzmauer, Lavason, Vial, Trifall o Plantaditsch. Colline dai dolci declivi, alte fino a 600 m circa, circondano il lago a mo' di ferro di cavallo, cosicché la maggior parte dei pendii è orientata verso sud o sud-est, con esposizione diretta ai raggi del sole. Questo fatto, combinato al clima temperato del lago, permette all'uva di raggiungere la totale maturazione e sviluppare così appieno il proprio aroma. La sera i pendii sono lambiti dai freschi venti provenienti dalle cime della Mendola, alte 2000 m: offrendo refrigerio ai filari dopo la calura delle giornate estive essi favoriscono la formazione dell'aroma fruttato e la conservazione dell'acidità nelle uve.

Nelle pagine seguenti è riportata una selezione dell'assortimento della Kellerei Kaltern-Caldaro. Il moderno "winecenter" offre la possibilità di conoscere, degustare e assaggiare i vini in qualsiasi giorno dell'anno. Per maggiori informazioni visita www.kellereikaltern.com

reflected in the presence of more than 60 vines with historic names: Putzmauer, Lavason, Vial, Trifall or Plantaditsch. Gently sloping hills, reaching about 600 meters (2,000 feet), surround the lake like a horseshoe, so most of the slopes face south or southeast, with exposure to direct sunlight. This fact, combined with the temperate climate, allows the grapes to reach full ripeness and thus develop their aroma completely. In the evenings the slopes are cooled by winds coming from the Mendel summits at 2,000 meters (6,600 feet), providing respite to the rows after the heat of summer days and thus fostering the formation of a fruity aroma and protecting the acidity of the grapes.

The following pages show a selection of the Kellerei Kaltern-Caldaro assortment of wines. The modern winecenter offers the opportunity to learn about, taste and savor wines on any day of the year. For more information please visit www.kellereikaltern.com

Müller Thurgau

Uva Grapes: Müller Thurgau
Classificazione Classification: Alto Adige DOC
Temperatura di servizio Serving temperature: 10-12 °C

Le uve crescono in vigneti situati a un'altitudine compresa tra 550 e 650 m. Il vino profuma di pesca, noce moscata e sambuco. Al palato è succoso ed equilibrato. Perfetto come vino da aperitivo, si accompagna bene anche con antipasti e con pesce bollito o alla griglia.

The grapes used to make this wine come from vineyards at an altitude of 550–650 meters (1,800–2,100 feet). The aromatic notes are of peach, nutmeg and elder; the palate is juicy and balanced. This is an ideal aperitif wine and pairs well with appetizers and boiled or grilled fish.

Moscato Giallo

Uva Grapes: Moscato Giallo
Classificazione Classification: Alto Adige DOC
Temperatura di servizio Serving temperature: 10-12 °C

Questo Moscato Giallo amabile presenta aromi decisi di noce moscata e di pesca. Al palato è succoso e pieno. La spiccata acidità è controbilanciata da una gradevole dolcezza. Gustate questo vino da dessert con i Krapfen, con lo strudel e con la torta.

This sweet Moscato Giallo has aromas of nutmeg and peach with a full, juicy palate. The high acidity is balanced with pleasant sweetness. Enjoy this dessert wine with krapfen, strudel, and cake.

Moscato Rosa

Uva Grapes: Moscato Rosa
Classificazione Classification: Delle Venezie IGT
Temperatura di servizio Serving temperature: 10-12 °C

Nel bicchiere il vino si presenta con un brillante colore rosso ciliegia e profuma di fiori di rosa e di tiglio, oltre che di noce moscata. Al palato è armonioso e gradevolmente dolce. Si accompagna al meglio con vari dessert quali lo strudel di mela o ai semi di papavero o i Krapfen.

In the glass the wine has a bright cherry-red color and notes of rose and lime blossom, as well as some nutmeg. The palate is smooth and pleasantly sweet, and the wine is best served with various desserts like apple or poppy seed strudel, or krapfen.

in, der
ionale
diesem
die
nit
u

Caldaro è noto per le sue specialità enologiche famose in tutto il mondo. Questo è il motivo che ha spinto viticoltori e con loro l'intera collettività ad avviare wein.kaltern, iniziativa tesa a promuovere la qualità dei vini e a consolidare l'immagine del paese.

Queste parole apparentemente aride sono una concreta promessa agli estimatori. Gli effetti di wein.kaltern si rifletteranno positivamente su ogni bottiglia.

Vial Pinot Bianco

Uva *Grapes:* Pinot Bianco
Classificazione *Classification:* Alto Adige DOC
Temperatura di servizio *Serving temperature:* 10-12 °C

Molti esperti considerano l'Alto Adige uno dei migliori territori al mondo per la coltivazione del Pinot Bianco. Il vino profuma di pera e di Golden Delicious matura, al palato presenta un ricco fruttato e un'acidità ben armonizzata.

Many experts consider South Tyrol to be one of the best areas in the world for the cultivation of Pinot Bianco. The wine has pear and ripe Golden Delicious on the nose, with a rich fruity palate and well-orchestrated acidity.

Wadleith Chardonnay

Uva *Grapes:* Chardonnay
Classificazione *Classification:* Alto Adige DOC
Temperatura di servizio *Serving temperature:* 10-12 °C

È uno dei vitigni bianchi più noti in regione. Il vino, di colore giallo paglierino luminoso, profuma di frutti tropicali, soprattutto ananas e banana, con qualche sentore di vaniglia e di burro fuso. Corposo ed equilibrato al palato, dal finale persistente con fruttato maturo.

It is one of the best-known white grapes in the region. The wine has a bright straw-yellow color, with aromas of tropical fruit, especially pineapple and banana, hints of vanilla and melted butter. It is full bodied and well balanced on the palate, with a lingering ripe fruit finale.

Söll Pinot Grigio

Uva *Grapes:* Pinot Grigio
Classificazione *Classification:* Alto Adige DOC
Temperatura di servizio *Serving temperature:* 10-12 °C

Il suo profumo ricorda la pera matura, la noce, il melone e la vaniglia; al palato si presenta rotondo e denso. Si sposa eccellentemente con piatti a base di funghi nonché con il pesce e i frutti di mare. Ottimo anche come aperitivo.

Its aromatic notes included ripe pear, walnut, melon, and vanilla; the palate is round and full bodied. It is an excellent companion for mushroom dishes as well as fish and seafood. Also excellent as an aperitif.

Premstaler Sauvignon

Uva *Grapes*: Sauvignon
Classificazione *Classification*: Alto Adige DOC
Temperatura di servizio *Serving temperature*: 10-12 °C

L'olfatto ricorda il sambuco, il cassis, le foglie di pomodoro, frutti esotici e uvaspina, al palato il vino è sapido e salato, con finale fruttato. Sta benissimo con gli asparagi, con la zuppa di cipolle, con formaggi a pasta morbida e con piatti a base di pesce, e si presta anche come vino da aperitivo.

The nose reveals elderflower, cassis, tomato leaves, tropical fruit, and gooseberries; on the palate the wine is tangy and savory, with a fruity finish. Excellent with asparagus, onion soup, with soft cheeses, and fish dishes, but also as a wine for aperitifs.

Campaner Gewürztraminer

Uva *Grapes*: Gewürztraminer
Classificazione *Classification*: Alto Adige DOC
Temperatura di servizio *Serving temperature*: 10-12 °C

Presenta un bouquet complesso e intenso (rosa, lychee, garofano, cannella, salvia) e, malgrado la sua voluminosità al palato, è chiaro e schietto, con un'eco di frutti tropicali nel persistente finale. Si sposa in modo eccellente con la cucina asiatica e fa risplendere in una nuova luce i piatti tradizionali tirolesi.

Campaner Gewürztraminer presents a complex, intense nose of rose, lychee, carnation, cinnamon, and sage, and despite a bulkiness on the palate, it is vibrant and frank, echoing with tropical fruit in a lingering finish. It is a very good mate for Asian cuisine and spotlights traditional Tyrolean dishes beautifully.

Campaner Moscato Giallo

Uva *Grapes*: Moscato Giallo
Classificazione *Classification*: Alto Adige DOC
Temperatura di servizio *Serving temperature*: 10-12 °C

Questo vino secco si presenta in un lucente giallo paglierino chiaro e con aromi intensi di noce moscata, pesca e petali di fiori. Al palato evidenzia una gradevole acidità con finale denso. Il vino si presta come aperitivo oppure come compagno per sapidi piatti a base di pesce o sushi.

A dry wine with a bright pale straw yellow hue and aromas of nutmeg, peach, and petals; the palate has a pleasing acidity with a dense finale. The wine is suitable as an aperitif or as companion for savory seafood or sushi dishes.

Signé Rosato

Uva *Grapes*: Lagrein, Merlot, Pinot Nero, Cabernet Sauvignon
Classificazione *Classification*: Vigneti delle Dolomiti IGT
Temperatura di servizio *Serving temperature*: 10-12 °C

Il suo profumo ricorda il lampone, la fragola e la visciola; al palato è fresco e succoso. Il Signé è un valido vino da pasto con buona struttura. Si abbina bene a primi saporiti, ma anche al pesce e alla carne bianca.

On the nose it echoes notes of raspberry, strawberry, and sour cherry; the palate is fresh and juicy. Signé is a good, structured mealtime wine and should be served with savory first courses as well as with fish and poultry.

Greifenberg Lago di Caldaro

Uva *Grapes*: Schiava
Classificazione *Classification*: Alto Adige DOC
Temperatura di servizio *Serving temperature*: 12-14 °C

Si presenta con un brillante colore rosso ciliegia, il profumo è fruttato di lampone, al palato è succoso e vellutato con il caratteristico aroma di mandorla amara nel finale. Si accompagna particolarmente bene con la cucina tirolese tradizionale, ma anche con piatti mediterranei.

The wine has a bright cherry-red color, the nose is fruity with raspberry; the palate is juicy and smooth with the characteristic aroma of bitter almond in the finish. Lago di Caldaro is especially suited to traditional Tyrolean cuisine and Mediterranean dishes.

Cardan St. Magdalener

Uva *Grapes*: Schiava, Lagrein
Classificazione *Classification*: Südtirol DOC
Temperatura di servizio *Serving temperature*: 12-14 °C

Di colore rosso ciliegia intenso, all'olfatto il vino denota un fruttato intenso con aromi di ciliegia, lampone e mammola, al palato è vellutato con tannini eleganti. Un vino ideale per piatti a base di pasta, per piatti leggeri di carne, con la cucina tirolese e con il formaggio dolce.

Its intense cherry-red color segues with a nose of intense fruitiness and aromas of cherry, raspberry, and violet; the silky palate has elegant tannins. A perfect wine for pasta dishes, light meat dishes, Tyrolean cuisine, and mild cheese.

Saltner Pinot Nero

Uva *Grapes:* Pinot Nero
Classificazione *Classification:* Alto Adige DOC
Temperatura di servizio *Serving temperature:* 16-18 °C

Il vino è di colore rosso rubino luminoso e presenta un bouquet di ciliegia, mammola e marzapane. Al palato denota forte sentore di ciliegia, è morbido e finemente tannico. Si abbina al meglio a piatti saporiti a base di carne, alla selvaggina e al formaggio a pasta dura piccante.

The wine is a bright ruby-red with cherry, violets and marzipan notes on the nose; the soft, finely tannic palate reveals strong hints of cherry. It is a good match for more savory dishes based on meat, game, and spicy hard cheese.

Spigel Lagrein

Uva *Grapes:* Lagrein
Classificazione *Classification:* Alto Adige DOC
Temperatura di servizio *Serving temperature:* 16-18 °C

È di colore rosso intenso con riflessi violetti e profuma di bacche mature, sottobosco e cacao, mentre al palato è denso e cremoso con tannini fini nel persistente finale. Si accompagna al meglio a cacciagione, arrosti, carni scure e formaggi stagionati.

It is an intense red color with violet reflections and has ripe berries, underbrush and cocoa on the nose, while the palate is dense and creamy with fine tannins in the lingering finish. It pairs well with game, roasts, dark meat, and mature cheeses.

Campaner Cabernet Sauvignon Riserva

Uva *Grapes:* Cabernet Sauvignon
Classificazione *Classification:* Alto Adige DOC
Temperatura di servizio *Serving temperature:* 16-18 °C

Ha un invitante colore rosso rubino scuro e presenta aromi di mora matura, visciola e cioccolato. Al palato è denso e fruttato, con tannini intensi. Assaggiatelo con carne rossa, con la cacciagione, con pollame ben speziato o con formaggio a pasta dura.

Campaner Cabernet Sauvignon Riserva has an inviting dark ruby color with aromas of ripe blackberry, sour cherry and chocolate; the dense, fruity palate has intense tannins. Try it with red meat, game, spicy poultry, or hard cheese.

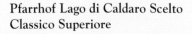

Pfarrhof Lago di Caldaro Scelto Classico Superiore

Uva *Grapes:* Schiava
Classificazione *Classification:* Alto Adige DOC
Temperatura di servizio *Serving temperature:* 12-14 °C

Si presenta con un brillante rosso rubino intenso. Il naso è fruttato con aromi di ciliegia, lampone e fragola e con un delicato sentore di mandorla amara. Al palato è pieno e morbido. Si abbina con primi e piatti tradizionali, con carne bianca e formaggio dolce.

The wine appears as a bright ruby red; the nose is fruity with aromas of cherry, raspberry, and strawberry, and with a delicate hint of bitter almond; the palate is full and soft while fine. This wine lends itself to combinations with first courses and traditional Tyrolean dishes, but also poultry and mild cheese.

Pfarrhof Cabernet Sauvignon Riserva

Uva *Grapes:* Cabernet Sauvignon
Classificazione *Classification:* Alto Adige DOC
Temperatura di servizio *Serving temperature:* 16-18 °C

Ha un profumo marcatamente speziato con note di cannella e di sottobosco, oltre a leggeri sentori di cioccolato e di mora. Al palato denota una tannicità marcata ma fine. Potente nel finale, con note di tabacco e di liquirizia. Si abbina bene alla carne rossa, alla cacciagione e al formaggio piccante.

The wine has a decidedly spicy nose with notes of cinnamon and underbrush, as well as hints of chocolate and blackberry. The palate has strong but fine tannins and a powerful finale, with notes of tobacco and licorice. A suitable pairing for red meat, game and strong cheese.

Pfarrhof Pinot Nero Riserva

Uva: Pinot Nero
Classificazione *Classification:* Alto Adige DOC
Temperatura di servizio *Serving temperature:* 16-18 °C

Il suo bouquet è di amarena, lampone, mammola e vaniglia. Al palato denota un fruttato fresco e tannini intensi e fini. Gustatevi questo nettare particolare assieme a pietanze saporite a base di carne o di selvaggina, con l'anatra o con del formaggio piccante.

It has cherry, raspberry, violets, and vanilla on the nose, and a palate of fruity freshness with fine, intense tannins. Enjoy this special nectar with succulent meat or game, duck or ripe cheese.

Serenade Passito

Uva *Grapes*: Moscato Giallo
Classificazione *Classification*: Alto Adige DOC
Temperatura di servizio *Serving temperature*: 12-14 °C

Di colore giallo oro brillante, presenta un esuberante profumo di noce moscata, di mandarino e di frutti esotici canditi. Al palato è possente, denso, con sentori di buccia d'arancia e di mango. Gustate il Passito Serenade come dessert o assieme a formaggio erborinato maturo.

The bright gold-yellow wine has a vibrant bouquet of nutmeg, mandarin, and tropical candied fruit. The palate is powerful, dense, with hints of orange peel and mango. Enjoy Passito Serenade as a dessert or with ripe cheese.

Castel Giovanelli Sauvignon

Uva *Grapes*: Sauvignon
Classificazione *Classification*: Alto Adige DOC
Temperatura di servizio *Serving temperature*: 12-14 °C

All'olfatto il vino presenta un bel fruttato maturo di uvaspina, mela e pesca, al palato è succoso, minerale e molto denso, fruttato elegante nel finale. Si sposa egregiamente con gli asparagi, con la zuppa di cipolle, con piatti a base di pesce e di pasta, nonché con i sughi alla panna.

On the nose the wine has remarkable mature fruit with notes of gooseberry, apple and peach; the juicy palate is very dense with elegant fruit in the finish. Excellent with asparagus, onion soup, seafood and pasta dishes, as well as with cream sauces.

Castel Giovanelli Chardonnay

Uva *Grapes*: Chardonnay
Classificazione *Classification*: Alto Adige DOC
Temperatura di servizio *Serving temperature*: 12-14 °C

Vino dal profumo ampio di ananas maturo, mirabella e lychee, a cui si aggiungono sentori di tostato. Al palato il vino è corposo e cremoso, con base minerale e vivace acidità. Assaggiatelo con primi saporiti, con pesce alla griglia o fritto o con carne bianca.

A wine with an ample nose profile of ripe pineapple, mirabelle plum, and lychee, as well as some toasty notes. On the palate the wine is full-bodied and creamy, with lively acidity and a mineral base. Pair with appetizing first courses, grilled or fried fish, poultry.

I nostri masi
Our farms

Maso Falschauerhof
*Fam. Gruber, St. Gertraud 14,
39010 Ultimo, tel. 0473 790 191*
Paesaggio fiabesco, maso rustico,
prodotti di coltivazione propria:
oltre a dare accoglienza agli ospiti,
la titolare, la signora Gruber,
prepara anche dei piatti prelibati.
Aperto tutto l'anno.

*Fairytale landscape, a rustic farm
that grows its produce. Signora Gruber,
the owner, not only welcomes her guests
but also cooks delicious recipes.
Open all year.*

Maso Oberraut
*Fam. Feichter, Via Ameto 1,
39031 Ameto, tel. 0474 559 977
gasthof.oberraut@dnet.it*
Nel ristorante, situato appena fuori
Brunico, lo chef Christof Feichter,
vizia i suoi ospiti con numerose
pietanze tradizionali, come Tirtlan,
stinco di vitello, sella d'agnello.
Aperto tutto l'anno.

*The restaurant is located just outside
of Brunecks. The chef, Christof
Feichter, pampers his guests with many
traditional dishes like tirtlan, veal shank,
saddle of lamb.
Open all year.*

Maso Niedermair
*Fam. Kaserer, Trumsberg 4,
39020 Castelbello-Ciardes,
tel. 0473 624 091
ernst.kaserer@hotmail.com*
La terrazza soleggiata con spettacolare
vista sulla Val Venosta e l'antica Stube
di legno si abbinano alle genuine
specialità, preparate dalla signora
Kaserer con prodotti del maso.
Aperto 1 aprile-20 dicembre.

*Both the sun-kissed terrace with spectacular
views of the Venosta Valley and the ancient
wooden stube are part of the perfect setting
for authentic house specialties cooked by
Signora Kaserer, mostly from farm products.
Open from 1 April to 20 December.*

Ristorante Fana Ladina
*Fam. Kastlunger, Via Plan de Corones
10, 39030 San Vigilio di Marebbe,
tel. 0474 501 175, info@fanaladina.com*
Il rinomato ristorante dall'atmosfera
accogliente offre piatti tipici ladini
tra cui cajincí, feies da soni, crafun e
numerose altre pietanze fatte a mano.
Aperto tutto l'anno.

*The renowned restaurant with its
welcoming feel serves typical Ladin dishes,
including cajincì, feies da soni, crafun,
and numerous other strictly fresh dishes.
Open all year.*

Maso Runch

Fam. Nagler, Runch 11,
39036 Badia, tel. 0471 839 796,
masorunch@yahoo.it
Il ristorante, un maso costruito nel
1712 in stile ladino, è a conduzione
della famiglia Nagler. Al centro
dell'attenzione ci sono le pietanze
della cucina ladina con molti
ingredienti di produzione propria.
Aperto tutto l'anno.

The restaurant, a 1712 farm built
in Ladin style, is run by the Naglers.
Focus is on the Ladin dishes made
with many home-grown ingredients.
Open all year.

Malga Simile Mahd

Fam. Rainer, Campo di Trens - Flanes,
tel. 0472 647 162
Luogo affascinante per rifocillarsi dopo
un'escursione godendo di un panorama
mozzafiato e assaporando piatti tipici.
La signora Rainer consiglia il formaggio
grigio fatto in casa, piatti di selvaggina,
vari dolci sudtirolesi e Krapfen.
Aperto metà giugno-fine settembre.

It is a charming place to rest and refuel
after a hike in the mountains while
enjoying a breathtaking view and typical
dishes. Signora Rainer recommends
homemade gray cheese, game dishes,

and some South Tyrol desserts and
krapfen.
Open from mid-June to end of September.

Maso Lüch de Survisc

Fam. Vallazza, Cians 13,
39030 La Valle (Val Badia),
tel. 0471 843 149 , survischof@akfree.it
Questo meraviglioso maso, situato a
1475 m, sta ai piedi delle montagne
dolomitiche. La signora Vallazza,
contadina e responsabile della
cucina, serve parecchie pietanze della
tradizione ladina come salsicce fatte in
casa, canederli e gnocchi.
Aperto tutto l'anno.

This wonderful farm is located at 1,475
meters (4,850 feet) at the foot of the
Dolomites. Signora Vallazza, a farmer
and the kitchen manager, serves several
traditional Ladin dishes like homemade
sausages, canederli and gnocchi.
Open all year.

Gasthof Lamm

Fam. Fontana, Dorfstraße 36,
39010 St. Martin in Passeier,
tel. 0473 641240

Maso Zmailerhof

Fam. Thaler, Schennaberg 48,
39017 Schenna, tel. 0473 945 881

Glossario
Glossary

Crafun

Nome ladino per un dolce di pasta lievitata fritto. In tedesco si chiama *Knieküchl*. È rotondo con dei bordi spessi, mentre al centro lo strato è sottile. Assomiglia a una ciambella senza foro. La cavità viene riempita con della marmellata di mirtilli rossi.

Ladin name for a fried sweet yeast pastry, called "kniekuchl" in German. It is round with thick edges, while the center is thinner. It looks like a donut without the hole. The cavity is filled with cranberry jam.

Finferli *Chanterelles*

Piccoli funghi giallastri molto diffusi nelle zone alpine e soprattutto in Südtirol. In italiano sono detti anche gallinacci.

Small yellowish mushrooms that are very common in alpine areas and especially in South Tyrol.

Formaggio grigio *Graukèse*

Formaggio stagionato a base di latte bovino. Durante la stagionatura si manifestano delle muffe grigio-verdi da cui deriva il suo nome (*Graukäse*). Tradizionalmente viene mangiato con cipolla cruda tagliata a sottili strisce e condito con olio e aceto a piacere, eventualmente anche con del sale e pepe. Inoltre viene utilizzato per gnocchi di formaggio, canederli pressati o zuppa di formaggio grigio.

Ripe cheese made from cow's milk. During maturation gray-green mold forms and this is why it is called graukèse or gray cheese. It is traditionally eaten with thinly-sliced raw onion, with olive oil and vinegar to taste, possibly also with salt and pepper. Also used for cheese gnocchi, flat canederli or canederli soup.

Gugelhupf

Dolce di lievito a forma di panettone forato al centro.
A sweet leavened ring cake.

Hauswurst

Salsiccia fatta in casa. In generale è composta da carne suina e carne bovina macinate grossolanamente e insaporite con diverse spezie. Viene bollita o in alternativa arrostita in padella o sulla griglia.

Homemade sausage usually comprising pork and beef, coarsely minced and seasoned with various spices. It is boiled, pan fried or barbecued.

Kaminwurze

Salamino salmistrato, affumicato e stagionato, composto da carne suina, carne bovina e diverse spezie.

Sausage in brine, smoked and aged, usually comprising pork, beef and various spices.

Krapfen

Nome collettivo per una serie di pietanze fritte (dolci o salate). La loro forma, gli ingredienti e il loro ripieno variano da tipo a tipo, da valle a valle.

A collective name for a variety of sweet or savory fried dishes. Their shape, ingredients and fillings vary from type to type, from valley to valley.

Puncerli

Nome ladino per una sorta di Krapfen a forma rettangolare, quadrata o triangolare. Il loro nome tedesco è *Polsterzipfel*. Hanno un ripieno di marmellata (spesso di albicocche) o di papavero.

Ladin name for a kind of krapfen which can be rectangular, square or triangular in shape. Their German name is "Polsterzipfel." They have a jam (often apricot) or poppy filling.

Schlutzkrapfen

Ravioli a forma di mezzelune ripiene. I ripieni

tradizionali sono composti da spinaci e ricotta o patate e ricotta. Se ne preparano anche altri tipi, per esempio con il ripieno alla zucca, alle barbabietole, ai crauti, ai porcini. Prima di essere portati in tavola vengono cosparsi di parmigiano grattugiato e burro fuso ed eventualmente con erba cipollina tagliata finemente.

Half-moon-shaped ravioli pasta, traditionally filled with potatoes and ricotta or spinach and ricotta. There are also other recipes that include pumpkin, beet, sauerkraut, and porcini stuffing. Before being brought to the table they are sprinkled with grated Parmigiano and melted butter, and possibly with finely chopped chives.

Schmarren

Indica un tipo di omelette strapazzata in padella non appena è cotta. Molto diffuso è il *Kaiserschmarren*, una frittata dolce strapazzata con uvetta che in genere viene servita cosparsa di zucchero a velo e accompagnata da marmellata di mirtilli rossi. L'*Apfelschmarren* è una variante nella quale vengono aggiunti pezzi di mela.

Refers to a type of crêpe that is soft enough to be broken up in the skillet as soon as it is cooked. The most popular is the kaiserschmarren, a sweet crêpe scrambled with raisins that is usually served sprinkled with icing sugar and accompanied by cranberry jam. Another recipe is apfelschmarren, which has pieces of apple in it.

Spätzle

Gnocchetti a base di farina, acqua e uova. Vengono versati con l'apposita grattugia direttamente nell'acqua salata e fatti bollire. Gli Spätzle all'uovo vengono serviti principalmente come contorno di selvaggina mentre gli Spätzle agli spinaci con la salsa di panna e prosciutto o burro e prosciutto sono serviti come primo piatto. Si preparano anche altri tipi come gli Spätzle alle erbe, all'ortica, alla ricotta o al formaggio.

Dumplings made from flour, water and eggs, grated with a special device directly into boiling salted water. Egg spaetzle are served mainly as a side dish, while spinach apple with cream and ham sauce or butter and ham are mainly served as a first course. There are also other types of spaetzle – with herbs, nettles, ricotta, or cheese.

Strudel

Dolce arrotolato ripieno. Molto celebre è lo strudel di mele che viene preparato con la pasta frolla o con la pasta sfoglia o con la pasta tirata. Alcuni strudel vengono preparati con la pasta di lievito. Anche lo strudel di papavero e lo strudel di ricotta fanno parte delle tradizioni sudtirolesi.

Rolled filled cake. The most famous is apple strudel, made with short pastry, puff pastry, or hand-rolled dough. Some strudels are made with yeast dough. South Tyrol traditional strudel also includes recipes made with poppy seeds or ricotta.

Turtles

Nome ladino per pizzelle di pasta a base di acqua e farina ripiene con ricotta e spinaci o con crauti. In tedesco si chiamano *Tirtlan*. Hanno una forma rotonda e vengono fritte. Si servono come antipasto o come contorno (ad esempio insieme alla zuppa d'orzo).

Ladin name for pizzelle made from water and flour then stuffed with ricotta and spinach, or cabbage, called "tirtlan" in German. The round pizzelle are fried in hot oil and serve as an appetizer or as a side dish (for instance with barley soup).

Zieger

Formaggio fresco aromatizzato a base di latte bovino, presentato a forma conica.

Aromatized fresh cone-shaped cheese made from cow's milk.

Crediti fotografici *Photo credits*

La copertina e le immagini dei piatti sono di **Franco Cogoli**, ad eccezione di:
*Cover and dish images are by **Franco Cogoli**, except:*

Stefano Amantini p. 9
Nicola Angeli p. 77, p. 87, p. 280-281
Udo Bernhart p. 15(1), p. 26
Ferruccio Carassale p. 73
Matteo Carassale p. 16, p. 19, p. 113, p. 116-117, p. 127, p. 136
Stefano Cellai p. 156-157
Davide Cenadelli p. 145
Colin Dutton p. 104-105, p. 254, p. 276(1)
Olimpio Fantuz p. 200, p. 262
Luciano Gaudenzio p. 10-11, p.15(1)
Johanna Huber p. 2-3, p. 15(1), p. 17, p. 21, p. 22-23, p. 34-35, p. 49, p. 54-55, p. 172,
p. 173, p. 222, p. 240, p. 241, p. 261
Susy Mezzanotte p. 178-179
Aldo Pavan p. 68-69, p. 94-95, p. 251
Arcangelo Piai p. 180
Samuel Pradetto p. 124-125, p. 257
Sandra Raccanello p. 186, p. 223
Maurizio Rellini p. 221
Stefano Scatà p. 158, p. 193, p. 210, p. 213, p. 218, p. 220
Giovanni Simeone p. 6, p. 8, p. 48, p. 76, p. 82, p. 83, p. 112, p. 144, p. 151, p. 187, p. 211,
p. 230-231, p. 256, p. 276(1), p. 278-279
Stefano Torrione risguardi, p. 37, p. 181, p. 201, p. 246

Le foto sono disponibili sul sito
Photos available on **www.simephoto.com**

© SIME BOOKS
Sime srl
Viale Italia 34/E
31020 San Vendemiano (TV) - Italy
www.sime-books.com

Redazione
Miriam Bacher
Traduzione
Angela Arnone
Design and concept
WHAT! Design
Photo editor
Giovanni Simeone
Impaginazione
Jenny Biffis
Prestampa
Fabio Mascanzoni
Stampa
Printer Trento, Italy

Un ringraziamento particolare va a:
Walter Grassi e Gottfried Bacher per la loro consulenza sulle ricette, Ida Voppichler per
la preparazione del pane e le informazioni sul pane, Anton Abfalterer per le informazioni
sulla produzione dello speck.

Special thanks to:
Walter Grassi and Gottfried Bacher were consultants for the recipes; Ida Voppichler who made
the bread and provided information on it; Anton Abfalterer for information on speck production.

ISBN 978-88-95218-46-5